七三分做人 三七分管人

张栩宾／编著

中国出版集团
中译出版社

图书在版编目（CIP）数据

三分管人，七分做人／张栩宾编著．—北京：
中译出版社，2020.1（2024.4 重印）

ISBN 978-7-5001-6162-2

Ⅰ.①三… Ⅱ.①张… Ⅲ.①领导学－通俗读物
Ⅳ.①C933-49

中国版本图书馆 CIP 数据核字（2020）第 002343 号

三分管人，七分做人

出版发行／中译出版社

地　　址／北京市西城区普天德胜大厦主楼 4 层

电　　话／（010）68359376　68359303　68359101　68357937

邮　　编／100044

传　　真／（010）68358718

电子邮箱／book@ctph.com.cn

责任编辑／范　伟　　　　　　**规　　格**／880 毫米×1230 毫米　1/32

封面设计／仙　境　　　　　　**印　　张**／6

　　　　　　　　　　　　　　　字　　数／150 千字

印　　刷／三河市刚利印务有限公司　**版　　次**／2020 年 1 月第 1 版

经　　销／新华书店　　　　　　**印　　次**／2024 年 4 月第 2 次

ISBN 978-7-5001-6162-2　　　　　定价：39.80 元

前　言

　　近几年来，很多公司都在对企业的管理结构进行优化重建，在取消传统垂直管理的同时，将原来公司内存在的冗余制度条款进行更改消除。同时在企业高速成长的过程中，对产品和企业内部管理的细节进行逐步的完善。这些前期的工作是需要公司内部人员互相合作所完成的，接下来把控细节所需要的，也是最关键的，就是给相应的部门配备一个最合适的管理者。

　　企业管理者是企业中很重要的部分，他们的决策会关系到整个企业的命脉，而企业中的问题有82%是由于管理原因造成的。而决定一家企业或部门的经营好坏，取决于是否有一个好的管理者。如果一家企业经营出现问题，大多都是因为管理者的决策出现了问题，管理者没有发挥其应有的作用。企业中的管理人员，想要同时达到使上下层都满意，是需要管理人员从个人的行为、能力、目标和个人品德等方面不断提升自己，既不能给员工以高高在上的感觉，又不能与下属相处的过于随便。

另外，身为管理人员，在完全放权和放手大胆用人这两方面中间，找寻一个中间点，即让事事都在自己的掌控之下，成为部门的掌舵人，又要时刻对优秀的员工进行培养，发掘有潜力的员工。另外，在应对企业外部的事务时，管理者要树立自己良好的形象，提高外界对企业的认可度。

　　由此可见，我们身为管理者，只有在工作生活中不断提升个人涵养，同时设定更高的目标来超越自我，才能慢慢让自己变得优秀，才能使上司感到安心和放心，也才能使员工感到在我们的领导下，无论在工作还是生活上，都舒心、顺心。如此，我们便具备了作为一个优秀管理者的领导力、凝聚力和驱动力。

目 录

第一章 管理者该如何服众

第二章 善于用人与管人

第三章　工作时应具备的状态

第四章　团队应呈现何种状态

第五章　如何避开工作中的雷区

第九章　还需要哪些方面的提升

第十章　如何应对形形色色的各类员工

第一章　管理者该如何服众

　　身为管理者，要放下领导的架子走到基层当中，主动去与员工交流沟通，才能发现团队和工作中存在的各项问题。而有些管理者无论在工作或是日常中会表现的十分热情，给人以老好人的感觉，虽然这样可以拉近与员工的距离，但却不利于树立自己的威信。如果我们也存在这类问题，一定要及时改正，将热情拿捏得当掌握一个合理的度。

　　在下属看来，一个好的领导一定是能够听取别人合理意见，体恤下属，惩罚分明的人，这样才能达到真正意义上的服众。

打造个人影响力

　　每个人的人生经历都是宝贵的财富，今天自己的信念自己的行为都是来自于曾经经历的事情影响。当从人生经历当中获得了信念，这时自己就要将信念和人生相结合，提炼出自己最认可的价值观。

　　经营者不仅代表自己，也代表一个团队一个组织，经营者必须有自己独特的信念和价值观，并就共同的原则和信念让团队和自己保持一致。每个经营者一定要讲自己独特的信念传达给每一位团队成员，并且让团队成员和自己保持共同的信念。

　　要想做到使别人践行自己的价值观，经营者首先要有自己的独特的"价值观"。经营者必须知道自己该说什么。同时要必须知道自己代表什么。经营者必须明白自己的指导原则，清晰的传达自己的信念，并坚守信念言行一致。

　　我们要知道，尽管职位能给我们权利，但是能赢得他人敬重的只有我们自己的行为，正是以身作则树立了经营者信誉，产生了影响力。从字面上来看，以身作则的"则"字就准则，一个经营者如果没有相信的、没有坚持的，自己就不是一个出色又领导力的经营者。经营者要记住，一定要将自己的则立出来。

　　而这些信念的三大要素分别是我们要达到的使命、团队共同的价值观和非常坚定的相信什么，依靠什么。只有清晰的把自己的使命和价值观阐述出来，并且牢牢进行这些，自己才能真正的叫做以身作则。

如果自己平时的思想在行业里和大多数人一样，那只能说明自己时个平庸的人，而如果自己的管理理念和绝对多数人是一样的，只能说明自己是一个平庸的管理者，因为自己没有自己独特的信念与价值观。

经营者的每项行动都发出了信号，显示经营者在原则问题上的立场。最明显的信号就是如何利用自己的时间。把时间花在最重要在自己价值观中最重要的事情上。还有自己说出来的话，自己的实际行为，最能表达自己真正想要建立的文化是什么。

最后要寻求反馈，要询问自己的行为对他人的影响，是否与自己的预期产生了偏差，并重视他们得到的反馈。

在我们整个人生成长的过程中，从小到大一定会经历许多事情，这些事情是自己的经历，这些经历决定了自己的价值观。

任何一个经营者都必须知道，管理的能力不会在一帆风顺中诞生，它必然经过挫折磨难和荣辱，才成就优秀的经营者，而这些都是自己信念的养成以及自己的价值观的培养。

我们的人生中最重要的事情决定了我们未来的走向，而我们如何看待和面对它们，则决定了我们的价值观。

人生要有三观：人生观、世界观、价值观。人生观就是看待生命的意义和态度，世界观就是客观认知世界的方法和理念，而价值观就是每个人的是非标准和重要排序。

　　如果自己向不同的人询问他们认为什么最重要，得出的答案肯定是不相同的，有人会认为家庭最重要，有人会认为健康最重要，还有人会认为事业最重要等等。答案不同的原因就是不同人的价值观不相同，每个人的心里都有对人、事、物的排序。中国有句古话叫做"道不同不相为谋"，这里的道指的就是价值观。而造成价值观不相同的原因也很简单，因为人生的经历不同，所以价值观不同。

　　在这个世界上，有的标准可以用法律和制度来界定，但是法律和制度能界定的事物相对来说比较少，而更多的事情需要我们内心里天然形成的一个标准去界定，这个标准就是价值观。

　　一个经营者只有清晰的确立了自己的价值观，他才有罗盘、才有指南针、才有导航仪。有了这些才能确保走正确的道路，不会迷失方向。

主动到基层中去

　　在和员工的沟通中，有些管理者总是坐在办公室中，等待员工反映意见，提出问题。他们认为领导就是坐办公室的，主动找下属沟通太有失身份，因此始终端着管理者的架子，从来不肯主动走到员工中，听取他们的意见和建议。如果抱着这种想法，基层员工的意愿又怎能自下而上、真实全面、及时顺畅地反映到高层领导那里呢？

如果自己到英国沃尔玛百货的管理者办公室找人，很可能会扑空。因为，他们都是马不停蹄地在各家分店视察。沃尔顿自创业以来就提倡领导者要亲自到各家分店走动和视察。沃尔顿本人即以身作则，他每年都要亲自造访数百家以上的分店。他会随时出现在员工身边，发现他们工作有不合规范的地方会纠正他们，甚至会教他们如何用最少的绳子和最少的纸张来降低企业的成本。他的一举一动都流露出对员工的关心，也激发了员工的工作热忱。因为他会不定时地造访，各个分店经理也习惯于早一点发现下属的问题并予以解决，以免酿成危机。他的走动沟通并不是到各个部门走走看看而已，而是搜集最直接的信息，以补充领导通过其他渠道得不到的信息。因此，沃尔顿与员工的沟通深刻影响着沃尔玛日后的领导理念。

要让信息自下而上涌流，就需要在团队内架设一条沟通无阻的管道，管理者要走出自己封闭的办公室，到员工中去主动沟通，才能保证自己不偏听偏信，才能保证高层领导及时掌握员工的动态，把问题解决在萌芽中。不仅如此，主动沟通，也许就会发现蕴藏在员工中的许多好创意。这也是做管理者的职责之一。

在这方面，美国管理学者曾经提出过"走动管理"的概念，建议那些高层管理者不要成天待在豪华的办公室中，等候部属的报告，而要经常到各个单位或部门中走动。在他们的著作中，还特别建议部门管理者至少应该有一上午的时间走出办公室，实地了解员工的工作情况。走动管理一方面是为了给员工加油打气，另一方面也是为了及时发现企业存在的问题，在现场解决问题。很多管理者从这种走动管理中通过与员工沟通受益匪浅。

老马在一家大型国企担任书记，他就是通过走动沟通发现了自己用人中存在的问题。

公司下属的分公司经理是他提议任命的，原来他一直对这位经理印象很好。这位经理有魄力，大刀阔斧，常常能以快刀斩乱麻的方式解决企业中的危机。得益于他的改革，分公司由原来盈利不佳终于步入了正轨。

一天，老马心血来潮，想不提前通知直接去检查分公司的工作，于是就驾车到了分公司。他到了之后，这位分公司经理当时正在召开销售会议。也许是因为当时经营遇到了危机，他的压力过大，老马在隔壁的办公室亲耳听到他不时大发雷霆，动不动就威胁、指责下属。"如此专制！"老马想。他离开办公室去向工人了解情况。胆大的工人告诉他，公司员工都惧怕经理，故只报喜不报忧。那些中层由于害怕告诉经理坏消息而挨骂，索性不再向他报告任何坏消息。

无意中听到员工的反映令老马大吃一惊，这完全不是自己印象中民主、开放的该经理的印象啊！如果这样行事专制，刚愎自用，员工怎敢畅所欲言！信息也无法自下而上的沟通，在经营方面也就无法根据环境的变化采取有效的应对策略了。因此，老马回去后与总公司行政领导商议后，决定对这位经理人提出批评，如果仍不改进工作方法就提议罢免他。

后来，这位经理得到上级的警示后进行了反思，他认识到自己的独断专行，工作作风有了改进。老马从走动管理中得到启示，他提议公司高层干部每周都要"走动"一次。这项措施在分公司也得到了推广。

只有深入基层才能体察民意，了解真相。优秀的领导都很注意和下属沟通，主动去听取他们的意见、了解信息。

不可否认，在领导工作中，存在着听取下级汇报这种正式的沟通方式，它是必不可少的。可是，这种行政管理式的沟通有时并不利于信息自下而上地真实反映。因为层层上报，很容易造成信息因过滤而失真。另外，通过正式沟通渠道搜集信息需要一段时间，不易使领导及时做出判断，往往会因此失去解决问题的先机。因此，走动沟通就可以弥补这一缺陷，领导主动去搜集最新信息，并结合实际情况做出最佳的判断，能及早发现问题并予以解决。

当然，在走动沟通的过程中，管理者不能让下属产生被视察的感觉，那样就会使他们提高防备心理；另外，管理者必须敏锐地观察员工所透露出的信息；同时也应该对信息做出及时的回应。且不宜来去匆匆，否则很难达到预期的效果。

架设平等沟通的桥梁

有些人认为沟通不就是说话吗，说话谁还不会。这样理解就大错特错了。沟通不是一种本能，而是一种能力。没有人天生就具备沟通能力，即使那些天生口齿伶俐的人也并不代表他们的沟通能力十分出色。沟通需要在工作实践中培养和训练。

三分管人 七分做人

　　沟通是管理者的一项最基本也是最重要的工作。管理者和下属就某一个问题要取得一致的意见必须先通过沟通交换思想。不仅管理者想了解员工的思想情绪需要沟通，而且了解下属工作中的问题也需要沟通。沟通顺畅，对于促进团结、正确决策、协调行动、凝聚人心非常重要。如果上下级之间缺乏沟通或者沟通不畅，相互之间就会产生误会，部门之间也会出现各自为政的局面。彼此向不同的方向用力，即使用尽九牛二虎之力，也无法使企业前进一步。因此，具备良好的沟通能力是现代企业中的管理者必备的主要素质之一。

　　工作中，自己是否发现下属有执行命令不到位的情况。尽管他们费尽了九牛二虎之力，结果却与自己想象的差距很大。这是为什么？也许就是沟通不到位引起的。比如，向下属布置工作时，自己认为自己表述得很明白，可是下属却没有听明白；还有一种现象是，下属找自己谈一些问题，可是自己偏偏自以为是，武断地认为自己听明白了下属的意思，提前打断他们的谈话，引起下属的不满和埋怨；再有，向上司汇报工作时，自己认为自己汇报得一清二楚，可是上司仍然一头雾水。这些都说明自己的沟通存在问题。由此可见，练就沟通的能力是多么重要。

　　由于很多管理者导都是从一线工人或技术专家提升的，当他们担任领导的职位时，很有必要认识沟通的重要性，提高自己的沟通能力。

　　从企业的发展来看，一个组织的健康程度主要取决于信息传递的速度和失真度。然而，目前在大部分组织中存在着一些问题。

一是向下沟通不畅，表现在组织的决策和高层的意图不能尽快地让员工理解和执行。有些管理者教条主义严重，只是充当传声筒，不考虑自己部门的实际情况进行具体工作安排，以至于员工感到无所适从；还有些管理者在传达上级的指示时，歪曲信息，欺上瞒下，结果使上级领导和基层员工之间产生冲突。领导的指示若要尽快、全面地贯彻下去，就需要有力的沟通方法和途径。而管理者担负着向下传达的重任，如果对上级的指示传达不力，员工又怎能执行到位？

二是向上沟通不畅。一线员工的心声、市场信息以及客户意见不能直接有效反馈到高层。特别是员工对管理者的意见不能及时真实地反映上去。有些管理者担心员工的意见会给领导造成困扰，因而独断专行，阻塞言路，使得下情不能上达。等到有一天怨声载道，高层领导还不明白是为什么。这样甚至有可能导致决策层对企业内外环境产生错误的判断，从而做出错误的决策，这对于团队的发展来说是致命的打击。

三是平行沟通不畅。部门管理者之间缺乏有效的沟通和协调，各自为政。需要共同作战时配合不力，相互推诿的现象严重。

导致这些现象的关键原因就是管理者缺乏沟通能力或者沟通方式不恰当。"沟通"是一切成功的基石。如果自己想成为真正受人尊重的管理者，就要多花些时间、精力，学习和增强与人沟通的能力和方法。

遵从对事不对人的原则

如果我们只是想要让下属服从我们，让他们的行为符合我们的想法，我们只需要用命令强迫对方执行就可以。而对事不对人导向是为了帮助我们和他人进行沟通，然后在沟通的过程中形成一个统一的价值观准则。一旦这个价值观准则成功形成，他人就会相信我们想表达的是请求而不是命令，很多问题就可以迎刃而解。

在工作中领导者面对员工犯错也经常会情绪化而引起这种错误，忽略了事情的本身，直接将矛头针对向人。

小尹是一名是外贸公司的销售人员，最近这段时间，他手上同时有好几个项目需要去投标，因此每天都非常忙碌，连吃饭都是喊外卖在办公室里草草解决。

一天下午，业务部的部门经理来找小尹要一份资料，当来到小尹的办公桌前就皱起了眉头，因为他看到小尹的桌子乱的一塌糊涂，各种资料胡乱堆在一起，便签纸贴的到处都是，桌子上甚至还有没有擦干净的饭粒。

经理是军人出身，虽然如今已经退伍多年，但是在部队中养成的习惯依然没有改变，并且平时他不但严格的要求自己，同时还严格的去要求自己的员工。此时他看的小尹的桌子如此之乱，立刻就不高兴起来。于是就问小尹说："你看你的桌子乱成什么样了，你怎么这么懒？"

小尹原本还在忙着处理手上的事情，突然听到旁边部门经理问出这么一句话，有些不知所措，也不知道该怎么回答部门经理的话了。

在这个案例当中我们可以知道，小尹的办公桌非常的乱是有原因的，因为他最近正在忙投标的事情，吃饭都没有时间，只能在办公室解决。

如果他的领导看到办公桌非常乱之后问："你看你的桌子乱成什么样了，为什么这么乱？"这时小尹就可以去解释原因。因为管理者这时是在质疑事情，员工可以去解释。

但是经理问的是："你为什么这么懒？"这时就是在质疑小尹的动机：你不是因为忙，是因为懒，所以不愿意收拾。

小尹面对直接对动机的质疑，这就非常难以作出解释了。并且经理的这种问话方式还有可能让小尹心生不满。因为他不是因为懒，而是因为工作忙碌，才导致桌子这么乱，但是面对如此的问话方式，他又无法做出解释，这就可能会让小尹感觉到不满。

将心比心才能让下属爱戴

有些管理者认为自己大小也是个"官"，既然是官，就是管员工的，因此总习惯于通过直接下命令的方式来表现其领导权威，以势压人或者高高在上，我们会发现这样的企业，不仅领导和员工间的关系疏远，甚至员工与员工间都存在的排挤与猜疑，如此下去，一个团队不能凝聚成一股力量，就会很容易被打垮。

我们要明白，管理者虽然是行使领导职能的，但同时也是为员工服务的。员工也是内部客户，因此应该多花一些精力去关心下属的感情和生活，让他们感受到上司的关怀。这样做并不会降低上司在员工心目中的位置，反而可以赢得他们的爱戴。相反，不关心下属，下属就会不满，产生了不满后团队就缺少了凝聚力。因此，成功的管理者都懂得运用关爱彰显自己的人格魅力，打造自己的影响力。

我们众所周知的海底捞火锅连锁，以其全方位为顾客考虑所出名，成功的秘诀之一就是关爱员工。其创始人张勇深知，只有让员工开心了他们才有力量去更好的宠溺顾客。把要求要把所有门店的每一位员工都当成大家庭的一员来看待，给予无比的关爱。不论是管理者，还是经理，都不对员工摆架子，工作后满足员工的其他一切合理要求，甚至员工宿舍都有专门打扫的阿姨。无论哪个员工有了困难或疑问，都可以直接找他面谈。另外，他还很注意一些小事，他的行为使下属在不经意间感受到企业的温暖。这些行为无形中让员工与顾客的距离拉近，对于提高员工的积极性、相互之间的融洽关系、更好的服务顾客起到了推动作用。

正是由于员工感受到了管理层合理决定所带来的企业的关照，因此在海底捞我们能发现，从员工到保安员，所有人都心情舒畅的服务着顾客，对于工作的热情，他们都有发自内心的荣誉感。

由此可见，作为一位管理者，学会爱比什么都重要。懂得爱人才能更好地从事管理工作，才可能成为优秀的领导者。因此，美国的管理课程甚至会花费一半的时间来教会领导者如何爱员工。在他们看来，连爱员工都做不到的人不可能成为优秀的管理者。

事实也的确是这样，不论在历史上还是在现实中，那些优秀人物被人们交口称赞就是因为他们有一颗爱心。拥有爱心才是最令人感动的，也是人们心甘情愿追随他们的原因。

在美国南北战争中的名将李将军，就是这样一位富有爱心的领导人物。在内战期间，有一场战役极为惨烈，一些勇猛的将士都在战场上失去了宝贵的生命。李将军看到这一切，一言不发地巡视着队伍，眼里含着泪水，然后慢慢脱下帽子默默走过士兵身边。

一位幸存的士兵回想起当时李将军的表情时说：“那是最令人动容和感动的一刻。”通过这一举动，士兵们看到了将军对他们的关爱之情。士兵们被他的这种情感所打动了。他们认为有这样一位关爱自己的领导，牺牲生命也在所不惜。于是在战役打响之后，大家奋不顾身地冲锋陷阵，最终取得了胜利。

由此可见，关心才能赢得爱戴。正是李将军表现出来的这种充满爱心的人格魅力，让下属从内心深处产生了听从于他、追随于他的想法。

企业管理中，管理者就是率领团队来完成工作的。“带人如带兵，带兵要带心”。只有真正关心下属，才能赢得下属对自己的充分信任和忠诚，才能高率、高质量地完成工作。

需要注意的是，对员工的关心应是发自内心的，不是玩弄权术的关怀。有些管理者认为自己对下属有加薪、晋升等"生杀大权"，因此当下属有求于自己或者自己想达到什么目的时就施以一些小恩小惠来表明自己在关心下属。这样做并不能赢得他们长久的信任和追随。这样的管理者就是走人了关爱的误区。

关心下属也不是对下属有求必应。下属的需求是多种多样的，有的和企业的目标一致，有的却与企业的目标背道而驰。作为管理者，自己只能尽量满足下属那些与企业目标一致的需求，对不合理的需求要敢于拒绝。否则到头来既害了下属，也会害了自己。

另外，关爱下属不仅要关心他们的生活感情、情绪变化，也需要关注他们自身的职业发展和综合能力的提高。这些才是员工最关心的。

在实际工作中，领导的最高境界就是靠人格魅力呈现的影响力去引导下属，而不是靠权力来"压"下属。而充满爱心就可以彰显自己的人格魅力。因此，要达到这样的目的，首先要学会爱，会爱人才能赢得人心，才有资格管理，才能使下属自觉自愿地追随自己，才可能成为优秀的领导者。

能力出众才能服众

如果说品行、修养等这些内在的东西无法让人一眼看到的话，那么，能力、技艺却是可以耳闻目睹，很快产生效应的。

因此，那些具有专业能力的管理者不妨以此树立自己的威信。

一些新上任的管理者或者即将被分配到其他部门的管理者往往会这样感慨："职务每一次调整之初，常常有底气不足、力不从心之感，总担心难以服众。"的确，如果人们不认可自己的能力，又没有威信，工作就无法开展。而"服众"与否，则取决于"出众"的程度如何。只有在学识、能力、品行等方面"出众"，才能赢得群众的理解，信任和支持。

各行各业都有自己的技艺。尽管领导干部也不可能什么都懂、什么都会，但如果没有自己的专攻、特长，仅仅靠什么都略知皮毛的"样样通"、"万金油"，是难以立住脚的。

管理者应有自己的专业能力。这一点，对于管理者来说一般应该不成问题。管理者大多数是从员工中提拔的，他们早在当员工时就练就了令人佩服的技艺。只不过到一个新的岗位，也许员工对自己并不十分了解，因此就要掌握适当的机会露一手。

上司之所以提拔某些人当管理者，一是看重他们的管理能力，二是看重他们出众的专业能力。这不仅可以传帮带，帮助团队成员提高水平，而且也可以让员工们眼见为实，提升管理者的威望。

另外，这也是对管理者工作能力和价值进行评判和测试的关键，作为一个员工，只需要将上级交代的任务圆满完成，就称得上一个好员工。而管理者则不然，管理者必须从公司发展的角度出发，为部门拟定战略方向，制订目标，明确任务。尤其在员工遇到棘手问题时，如果管理者能出面解决，员工就会对其刮目相看，增强战胜困难的决心和勇气。

温州立峰摩托车集团的前身只是一个生产摩托车车把闸座的小厂。但这家企业最初开发的产品具有独特性，其表面防腐性能超过了日本企业标准，填补了国内空白，从而成为摩托车生产企业用来替代日本进口原件的替代品。这是为什么？就是因为他们在产品工艺处理上有一招绝活。因此，立峰几年时间的产值就翻了三番，规模与效益较早期扩大了十多倍。

做管理者也是一样，需要做个"行家里手"，对上级的"规定动作"做得出色，对本地的"自选动作"做出特色，别人束手无策的难题，他们能够迎难而上、迎刃而解，自然会"服众"。否则，一个问题百出、解决问题的能力连普通员工都不如的人，怎么有资格领导员工？

能力来自经验的积累，也来自实践的锤炼。每个部门都会遇到新情况、新挑战，任何经验和能力也有阶段性、时效性，因此千万不能对自己的专业能力过于自信，要及时补充、更新，不断学习，与时俱进，这样才能让自己的专业知识跟上时代的步伐。

第二章　善于用人与管人

　　企业的企字，上人下止，说明了以人为天，能令行禁止。

　　一名好的领导者应该明白，决定一个事情的成功与否，决定团队能走多远，最关键的就是人，无论是掌舵决策的管理层，还是辛勤工作的基层，用好、管理好、让大家各司其职，才能使团队这艘巨轮远航。

　　我们要要有一双慧眼，发掘出团队中富有潜力的人才。用其所长，忽略其短，人才互补，才是一个最有力的团队。让每一位员工都有发展的空间，不仅是员工最希望得到的，也是管理者用人有方的最好表现。

对下属寄予高期望

有些管理者常常埋怨员工的工作不到位，甚至会抱怨员工为什么不能达到和自己一样的标准。那么，自己是否想到自己对他们寄予了更高的期望？

有时候下属没有实现较高的绩效，只是因为他们没有对高绩效产生过期望。就像一个每月 3000 元月薪的人从来不曾想到自己每月可以挣一万元一样。既然他们连想都没有想过，又怎能得到？

切莫以为这种观念是知足常乐，其扼杀的恰恰是自己的创造才能和无穷的潜力。做管理者的职责就是寄予下属更高的期望，让他们敢于幻想，并且帮助他们梦想成真。

国外一所大学有位讲授计算机课程的教授，就曾经在自己高期望的教育模式下，将一位计算机中心的看门人培养成合格的计算机操作员。

他为了证实自己想法，专门挑选一些受教育程度很低的人进行培养。这位看门人就是其中之一，他在上午老老实实地看门，下午则学习计算机知识和技术。结果，这位当时连打字都学不会的人成功学会了计算机。后来他负责主机房的工作，还负责培训新雇员编制计算机程序和操作计算机。

由此可见，管理者的期望是促使下属快速成长的巨大动力。因此，管理者要相信在下属身上是可以发生奇迹的。在日常工作中，即便是对于那些以往平庸绩效的老员工，也不要将失望的表情表露无遗。要把他们视为高绩效员工，像对待高绩效员工一样对待他们，告诉他们可以完成某个目标，然后鼓励他们做出更大的成绩。

因为在员工的心目中，领导对自己是否抱有更高的期望，对他们的心态产生的影响是不一样的。例如，某部门有甲乙两位下属。如果甲明白自己的上级期望自己在半年时间内将销售业绩提升到前三名，那么他就会干劲冲天。可是乙呢？如果上级对他没什么期望，他自己很容易丧失信心。

这种期望对于工作不久的年轻人尤其能发挥神奇的作用。因为他们对于自我的评价还没有受到以往平庸绩效的暗示。而那些工作时间长的人，如果以往的工作绩效不高，思维惯性就会让他们认为自己难以超越从前。

正因为管理者的期盼在员工的心目中如此重要，因此，若想达到最佳的激励效果，我们可以以下方式来表达自己的期盼：

"小王，自己来咱们公司已有一段时间了，在业务方面自己已经成为一个能手。我看了上个季度的业绩报表，自己连续三个月都排在部门业绩第一名，非常难得！作为自己的直接上司，由于忙于各种工作，对自己的指导并不多，自己为部门立下了不少功劳，我要向自己表示谢意。希望自己能再接再厉。我相信，半年之后自己肯定能成为全公司的业绩魁首！"

如此，从表扬到感谢，再到期望，下属了解了上级的期望，会把期盼变成工作的动力，由感动到感激而奋发。

当然，这种期盼也是建立在员工能力能达到的基础上。只是做领导的，为他拨开迷雾，引领他站在一个新的高度看待自己而已。

另外，对下属的高期盼也是培养员工忠诚度的一种方式。一般而言，在公司中习惯于跳槽的人都是为了实现自己的价值。特别是目前进入知识经济时代，员工愈发注重自我实现的需要。如果管理者在公司中充分关注了下属的这种需要，能把高标准的工作分派给下属，帮助他们实现自己的愿望，下属又怎么会选择其他公司呢？因此，美国新泽西州的一位管理顾问曾经说过："设立高期望值能为那些富有挑战精神的精英提供更多机会。为他们创造新的成就提供机会。"

另外，对下属寄予高期盼也是以人为本的表现。因为在早期的管理实践中，管理者主要关注生产要素，后期则将管理焦点转至员工要素。对下属寄予高期盼就是关心下属的表现，这种经营管理模式当然是深得人心的。

因此，聪明的管理者们，在提高自己能力的同时，不要忘记时时鼓励下属，给他们一片施展的空间，让下属和自己共同提高。

培养具备领导能力的员工

识人用人的目的就在于培养典型，提升表扬一批员工，让他们在团队中发挥榜样作用和激励作用。如果这些人中有具备领导能力的，可以担当重任的，更是上司所渴盼的，也应是管理者着力培养、加以重用的。

但是，企业中存在一个普遍的现象，管理者在提拔员工时往往根据自己的喜好来定夺。比如，管理者是"快刀斩乱麻"的人，他就愿意提拔那些办事干脆利落的员工；管理者是豪爽大方，不拘小节的人，就对那些小心谨慎、唯唯诺诺的员工看不惯；管理者是行事谨慎稳妥的人，对急脾气、风风火火的就看不惯，宁肯提拔审慎小心的员工；管理者是爱出风头，好面子的人，就不喜欢那些踏实苦干的员工……他们将此解释为志同道合，脾气相投。可是这样做的结果，很可能让别有用心、善于伪装自己的人钻空子。而使那些性格与管理者不合，却颇有真才实学的人抑郁不得志，因为无用武之地而选择离开。

因此，管理者在提拔员工时，千万要记住：上司委托自己提拔员工是出于团队的发展考虑，是为了更好地发挥他的才能，而不是利用他的个性。因此，不能以自己的喜好而定，要把注意力集中在员工曾经做出的工作业绩上，集中在他们是否具备领导素质和领导能力上。谁符合当领导的标准，谁就是应该提拔的候选人。这才是公正的办法，才能说服众人，避免员工间的钩心斗角。

要识别哪些员工具备领导素质和能力，可以通过他们的言行来判断定夺。言为心声。从员工的言谈中，可以看出他们是否具备当领导的能力。

比如，有些下属在平时的谈话中总是摆事实、讲道理，很有逻辑性和说服力，说得周围的人心服口服。这种人思路清晰，看问题能抓住本质，为人做事有理有据有节，可托付重任。

还有些下属，当发现对方听不进自己说的话时，会立刻转换话题，或用迂回战术，先说些对方爱听的话，找到对方感兴趣的话题，取得对方的好感后再逐渐地回到刚才的话题上来。这种人容易博得大家的好感。他们用心智做事，会察言观色，有较强的分析判断能力和适应力，比较适合担任公关、营销等部门的领导。

另外还有一类下属，在和他人的辩论中总是争强好胜，说得别人哑口无言。这种下属是依靠犀利的语言战胜对方的。他们是业务、外交、法律界的好手，适合在以上部门当副手。但是如果担当正职，可能并不太合适。因为他们只注意表现自己，忽略了他人的感受。如果是在企业内部，他们表现过激有时还会引起同事的反感。

考察员工是否具备领导素质还要看他们是否具备热情、友爱、善良、感染力、自信、意志坚强等人格魅力。如果员工自觉自愿地喜爱他们，爱戴他们，他们就具备了当领导的基本素质。

除了通过以上方式考察员工的能力外，还要对他们的德行进行考察。德才兼备可以说是企业选人用人的共性。因为这些员工可能是领导者的候选人，如果他们的道德品质有问题，轻则破坏公司内部和谐，引起员工之间的冲突，重则可能泄露部门的重要资料、档案和客户信息，对公司造成破坏性影响。因此，除了对他们的才干、谋略和胆识进行考察外，还需要考察他们的品德和修养。比如，是否胸怀宽广、为集体着想，是否处事公正，以及对公司价值观的遵守和执行等。这些也是员工拥护他们的因素。

当管理者们通过考察发现了具有领导潜质的员工后，要对他们进行一段时间的培养。

比如，鼓励员工公开发表自己的观点和建议。此举是为了增强其他员工对他们的重视的必要手段。适当赞美他们的工作，对他们额外的贡献给予赞赏鼓励。这样他们会感到自己被重视。推荐他们就读有所帮助的课程，帮助他们提升自己的能力。

通过考察他们的业绩、能力和品德等方面，发现他们确实具备领导素质后就可以加以提拔，让他们更好地发挥榜样和表率作用，同时也使部门员工在他们的带领下提高能力和素质。

培养一名得力干将

在选人用人的过程中，大多数管理者内心都有一种强烈的愿望，那就是为自己选择一个合适的搭档以及得力的左膀右臂。如果能够找到那样的人，管理者的心情会十分愉快，工作也会感到轻松无比。

可是，要找到这样的人应该注重哪些方面，以什么为标准呢？选拔副手并没有一定的标准。但是可以遵循这样的原则：自己需要什么样的副手？是富有创造性、天马行空、标新立异还是小心谨慎、听命于自己？希望和自己互补、相得益彰，还是互相独立、并行不悖。

一般来说，管理者选拔副手都是为了更好地配合自己的工作。副手的性格爱好并不是主要的，毕竟他需要配合自己，听命于自己，副手的能力和处世风格才是最主要的。

如果下属中有人是通才型人才，知识面广，基础深厚，有很强的综合判断能力，善于站在战略高度去深谋远虑。那么，这样的人无疑是做领导的人选，只是如果让他们当副手，配合自己，他们会甘心吗？他们的眼光可能在更高远的地方，即便当副手也是暂时的过渡。因此，在选择自己的助手时，要仔细考虑这些因素，双方相互认可才行。

还有一类人才是很适合当副手的。这类人就是补充型人才。该类人才又分为两种：一种是在性格和处世风格上与管理者互补；另一种是在能力上与管理者互补。他们甘愿当配角，做一些"救火"或者善后的工作。能发现任用这样的人，就可以保持长期稳定的合作关系。

王军是某文化公司策划部的管理者，不但口才好，而且文笔也令人称道，形象也很洒脱。可是，令人想不到的是，他的助手却其貌不扬、憨厚笃实。一看就不是那种精明能干的人。人们实在不明白，王总为什么选这样一个人，简直"太不般配"了。

在一次朋友间的闲聊中，有人禁不住好奇地问王总为什么不选一个才华能力超群的人做自己的助手。王总淡淡一笑，说："那样的人才固然好。可是，他们多不安分，总是这山望着那山高。既然一流人才不好留，我干脆就选用那些踏实肯干的中等人才，这样有利于公司的稳定和发展。"

原来如此。虽然王总说的未必全有道理，但是也从另一个角度揭示了管理者选择副手时的多重考虑。

励志类的书籍上常见的一句话是"适合的就是最好的"，选择副手也需要认清自己的条件，认清自己所领导部门的条件，选择那些适合自己的、心甘情愿配合自己的。

一般来说，管理者选拔人才还要考察对方的品行，比如，诚实守信、言出必行等。这样的人才让人感到踏实放心，可以托付重任。这一点很重要。

赵国的大夫赵简子在为自己的接班人大伤脑筋。他有两个儿子，不知应该选择哪一个做自己的继承人。

他想来想去，决定对他们两个暗中考核。他把两个儿子召到自己的面前，拿出两块竹简说："这是我平时对自己们的教诲，自己们千万要牢记在心！"

"多谢父亲，我们一定牢记在心！"两个儿子说。

转眼几年过去，一天，赵简子问两个儿子："三年前我要自己们记牢竹简上的内容，今天要考考自己们了。"

大儿子听到后有些惊慌。他以为父亲早就忘记这件事了，没想到父亲居然还记着考他们，于是低着头小声说："我实在记不住了。"

"竹简呢？"赵简子又大声问道。

"我……我一时想不起放在哪里了。"大儿子不敢隐瞒，如实说了。

赵简子又问小儿子:"自己呢,也是这样吗?"

没想到小儿子把竹简上的内容一字不漏地背给父亲听。赵简子听后点点头说:"唔,自己的记性还好,竹简呢?"

"孩儿随身带着,不敢片刻懈怠。"小儿子说着从衣袖中拿出那块竹简。

赵简子没说什么,但他已经决定立小儿子为自己的继承人了。

当然,选择德才兼备的助手是最优策略。即便不能二者兼得,也不可重才轻德。因为他们是自己的助手而非提拔任用普通员工,因此,德行一定要令人称道才可托付重任。否则有能无德只能任用一时,而且自己要确保有能力驾驭他才行。

善于发现下属的发光点

纵观中国企业领导者的成功之路可以发现:俞敏洪因为有自己得力的团队和搭档,新东方得以崛起;马云因为有了18个忠实的追随者才成就了阿里巴巴的奇迹。因此,当人们赞美那些企业家成功的事迹时,往往会想起他身边的左膀右臂和各部门工作卓有成效的管理者和员工。是这些人成就了老板的英名,也成就了企业的辉煌。这些人就是企业的人才,是老板创建事业离不开的宝贵的资源。

美国著名的女企业家玛丽·凯在她根据自己几十年管理经验写成的《经理成功之路》一书中曾这样写道:"人比资产更

重要。"企业与企业之间的竞争归根结底是人才的竞争。人才就是生产力，事业发展离不开有才能的人的鼎力相助。

有了人才，就等于有了新技术、新产品，有了事业的创造力和革新精神，有了生存竞争能力和经济效益。因此，成功的企业都是视才如命，不断追寻人才、吸引人才、招揽人才、挖掘人才。他们迫切需要坚强的人力资源作支撑，保持组织强劲的生命力和竞争力。

的确，大到一个国家，小到一个企业，任何人的成功，任何组织的发展都离不开人才的大力相助。在中国历史上，刘邦身边有韩信、张良、萧何、陈平的辅佐才能战胜项羽，从无名之辈登上皇帝的殿堂；刘备身边有多谋善断的诸葛孔明、英勇机智的关羽、张飞、赵云等人才成就了三国鼎立的霸业；唐太宗李世民身边因为有了秦琼、尉迟敬德才高枕无忧，因为有了魏征这面明镜的反射才可以时时正衣冠、知得失，建立了气势恢弘的大唐帝国；东汉刘秀之所以能夺取政权，也与人才的支持分不开。当他还没有站稳脚跟，不知向何处发展时，是邓禹为他出谋划策，为他展现了一幅干事业的宏图。

从大量的历史事实见证，不论是古今中外，任何一个领袖的背后都有一批卓越的追随者，是他们帮助领袖成就了丰功伟业，同时他们也成就了自己的一世英名。他们如天上的繁星一般熠熠闪光，发挥着各自的才能和作用。

建立国家需要大批人才的辅佐，企业的开创和发展也是如此，也需要一批能人志士。我们知道，微软的发展离不开技术天才保罗·艾伦和精通管理的鲍尔默，更不用说他的技术团队；美国钢铁大王卡耐基对钢铁制造和生产工艺流程知之甚少，但其手下的精兵强将都是这方面的专家。就连他自己的墓志铭上都这样写着："长眠于此地的人懂得在他的事业过程中起用比他自己更优秀的人。"

管理者作为部门的领导，要带领团队做出一番业绩同样离不开各类人才的辅佐。从个人的能力结构来看，谁都不是全才，不可能什么都懂。管理者再有能力，再神通广大，再有横刀跃马、驰骋沙场的能力，没有他人相助也是难以成就一番事业的。特别是新官上任，更需要有得力的人帮助自己"点旺三把火"。因此一个成功的管理者，不能只做孤胆英雄，要懂得人才的重要性，做知人善任、统率三军的帅才，集众人之所长，打造一支得力的团队。

有人才，我们便能学会原来不会的东西，做到原来做不到的事情。谁拥有最多最好的人才，谁就能在竞争的道路上跑得更快。只有把人才引进来，事业才能得到快速发展。

管理者要学会识人

清朝一名姓顾的人士曾写过一首诗："骏马能历险，犁田不如牛。坚车能载重，渡河不如舟。舍长以就短，智高难为谋。生材贵适用，慎勿多苛求。"在这里，他借诗说明：人各有所长，用人贵在择人任事，使天资、秉性和特长不同的人在不同的岗位上各得其所。识人的目的是为了用人。可是人各有所长，亦各有所短，应该怎样使用他们呢？

既然要用人所长就要先了解和掌握员工有什么长处，这样才能将其安排到合理的岗位上工作。了解员工的长处有时需要一段时间，因为他们的优势也许不会在短时间内表现出来。因此，管理者千万不要盯着他们不擅长的地方或者所犯的某些过失，不要以短掩长。

企业的用人之道也在于知人善任、用人之长。唐代柳宗元曾讲过这样一件事：一位工匠出身的人，连自己的床坏了都不会修，足见他锛凿锯刨的技能是很差的，可他却自称能造房。柳宗元对此将信将疑。

后来，柳宗元在一个大的建筑工地上又看到了这位工匠，才相信了工匠的能力。原来这位工匠具有指挥能力。他虽然不会什么木匠、瓦工之类的技艺，可是他会发号施令，指挥众多的工匠先做什么，后做什么，共同配合起来应该做什么。

结果，众卫匠在他的指挥下有条不紊、秩序井然地使房屋定期完工了。

这件事令柳宗元大为惊叹。如果按照一个匠人的标准来要求他，他的确是不合格的，而弃之不用无疑是埋没了一位出色的工程组织者。

从这个故事我们可以悟出一个道理：发现人的长处，用人所长是多么重要。如果简单的工作任务由能力高的人去做就是大材小用，从资源利用角度看就是对人力资源的一种浪费，其也会不安于工作。

其实，任何人有其长必有其短，若先看一个人的短处就匆忙下结论，这种识才的方式是非常武断的，那样长处和优势就容易被掩盖。因此，当下属暂时还没有表现出他们的优势时，千万不要认为他们没有什么优势，也许就是放错了位置，使他们的优势无法表现罢了。

科学地用人之长就是要通过一套系统科学的方法，比如对人的性格、智力、情商、气质、能力等方面的测试，实现人的能力与工作任务的合理匹配。简单的工作由能力较低的人去做，复杂的工作由能力高的人去做，并且通过对能力较低的人的不断培养，在其能力得到提升后可以分配其去做复杂的工作。这种方法正在被越来越多的企业所接受。

用人之长是一件对员工个人、管理者和企业都有利的事情。对员工来说，能够发挥自己的特长有利于树立工作信心，也有利于自身能力的不断改善和提高；对管理者来说，准确发现和发挥员工的长处有利于管理水平的提升。这不仅是管理者组织能力的表现，也是其高瞻远瞩、决胜未来的品质和胸怀的表现。

然而有些管理者在任用员工的过程中只看到短处，没看到长处，因此总是抱怨自己找不到合适的人才。造成这种情况也许是因为他们用同一种标准衡量人才。

俗话说："尺有所短，寸有所长"，每个人的特长和优势都是不一样的。用人不能首先看他的缺点，应该把注意力集中在一个人的优点上，首先看他能胜任什么工作。这样做才是知人善用。

有些下属善于钻研不善于交谈，他们不会主动与人交谈，别人问一句答一句。他们不喜欢热闹地方，而爱清静自处，生活欲望也比较淡泊。如果让他们从事公关或者外联一类的工作，他们的确不称职，可是如果让他们在自己感兴趣的领域去钻研，也许就会成为某一领域的专家。因为他们适合搞研究类的工作。

还有一类下属，做事循规蹈矩，缺乏主见和判断力，不敢越雷池一步。如果让他们发明创新显然不适合。可是他们遵守纪律和规章制度，不容易脱轨，这就是他们的优点。如果让他们从事保管类工作也会很称职的。

人的干劲和潜能是无限的，只要环境条件适宜，他们的才能自然会生根发芽，开花结果。因此，要为他们配置合理的岗位，让他们的才能早一天破土而出。

让自己做到唯才是举

现在企业之间的竞争就是人才的竞争。不能重用人才，失去不可多得的人才就会贻误企业的发展。因此，在用人上总是论资排辈的管理者应该转变自己的观念。

管理者都希望重用那些德才兼备的人，可是现实生活中往往会出现鱼和熊掌不可兼得的情况。那些品行令人称道、能力又突出的员工实在不多，常常不是品行可以能力略差就是能力可以但品行较差。此时，企业用人，能够长久任用的一定是德为先之人。

因为，此类员工从内心对企业热爱和忠诚，只要其在某一方面确实有优秀之处，就可以重用。至于那种品行不端、品质不良的员工，即便他们能为企业作出很大贡献，但是也需要限制任用。一旦发现他们会对企业造成危害，再有能力也应该坚决果断地剔除。

有些管理者在用人的过程中过于死板，严格遵守一些规章制度，不敢越雷池一步。明知道有些员工能力突出，可是因为他们不符合选拔的"标准"，或者有这样那样的缺陷不敢大胆启用。这样做也会给企业造成一定的损失。

在实际用人的过程中，由于管理者的认识水平、爱好习惯等原因，在用人观念上存在着某些偏见。如对于自己看顺眼的人，会提供更多的机会和空间；对于看不顺眼的人，可能就会百般挑剔苛刻。这种用人观对于员工来说也是不公平的，对企业发展也是不可取的。因此重用人才需要客观公正，不能凭主观臆断。

在人才的使用上要从大节上看人。在企业中，有些员工尽管有着这样那样明显的优点，可是他们的缺点也十分突出。

比如，今天刚表扬他有创意，明天就可能成为迟到早退的"标一兵"。对于这些大错不犯、小错不断的员工应该怎样看待呢？

如果对人太苛刻，千方百计挑毛病，就无法找到适合的人才。用人多数是要用别人的长处为自己服务。既然要用对方的长处，那么在其他方面就不能太求全责备了。至于一些小节问题，可以提醒他们加以注意，同时用严格的纪律来约束他们。

一旦触犯纪律也可以惩罚他们。这样做也是为了帮助他们成长。

　　总之，在人才的选择中，要从改革开放和市场经济需要出发，考察员工的德和才，按照公平的原则，破除部门界限，破除论资排辈的思想，树立不唯年龄看本领，不唯文凭看水平，不唯资历看能力的观念，把那些德才兼备的合格人才大胆选拔到领导岗位上来。对于那些德才兼备的人才要长久地用，全面地用，全心全意地用；有能无德的可以只用一个方面，或者短时间用，适当地用。这样才能促进人才合理流动，形成人尽其才、才尽其用的可喜局面，同时也可以保证企业的利益不受损失。

第三章　工作时应具备的状态

在我们要求手下员工认真工作的同时，我们是否也在努力为整个集体工作？

在一些企业单位中，我们经常会发现，整个基层都在忙的不可开交，领导层却在悠闲的无所事事。甚至有些管理者安排完工作后就在自己办公室内闭门不出。认为安排好工作以后，整件事情就与自己无关了，殊不知这是一个十分严重的问题。

在企业中，管理者扮演着"头狼"的角色。虽然各项决策运筹需要他们决定，可更需要他们的是带领下属在第一线冲锋。因此，那些发号施令后就消失不见的管理者是无法胜任管理工作的。

那么，管理者在工作中需要具备什么样的能力和素质呢？

我们需要事事用心，知道团队正在做什么，有哪些优势，有哪些劣势，任何决策都要做多套备选方案以备不测。同时合理安排人员，让合适的人去做合适的事，做到团队内部人员人才互补。这样才是一个正常的工作状态。

弹性管理原则

心理学家波诺玛说："一个没有弹性的管理者，是最没有效率的管理者。"

弹性管理与例外管理理念原来是在探讨企业内因层级不同，而在处理相关事务时运用弹性与例外管理的不同权责。

简言之，层次较低的管理者通常管理均以制度之规范处理经常性与规范内者为导向，层次高者处理管理事务及下决策时并不一定以制度为依归，而以其智能、经验、能力作判断是否对制度的适用性进行取舍，必要时可"舍制度"而"就真理"。就员工差异管理而言，这种弹性与例外管理亦可依据下述几个原则应用。

当应以企业利益为依归，这种差异化之管理或处理员工相关问题时，其最初及最终目的是为了企业利益，既不是为了维护管理者对员工的影响力而做"好人"，也不是为了个人利益而放水。同时应具说服力，不管层级的高低，或因员工之差异进行管理或处理，必须具有充分说服力，否则难以服众。当其他员工因不服或上级领导询问时，我们可以充分理由加以辩护。

我们也必须先考虑企业制度的适用性，在进行差异管理之前，先考虑制度的适用性，不能在考量制度适用之前，另创"私人条款"，只有在了解现行制度难以规范，或现行制度不适用时方可运用差异管理。举例来说，法官在审理刑事或民事案件时，所用条文均一样，但判决结果却有差异，这亦是考量相关差异之后的裁决。

我们经常听到很多管理者说，他处理员工事务都是"对事不对人"，其实这句话是值得讨论的。因为身为管理者，很少能够做到在处理员工相关事务时，百分之百对事不对人。既对事又对人，其实这也是员工差异管理的另一项思考。

准备多套备选方案

我们知道，决策就是一种选择，从本质上说就是选择做什么、不做什么。既然是选择，就需要准备多套备选方案。多方案是选优的前提，多了解才能有比较，有比较才能有鉴别，才能从中选择最好的方案，领导决策成功的机会也就越大。

决策力就表现在当领导者面对多种选择时能够系统地进行思考并做出一系列准确判断。另外，备选方案就像比赛中的替补队员一样，在意外情况发生时可以应急。就像我们逛商场总有一个应急通道一样，这个应急通道就是备选方案之一。

准备多套备选方案也符合决策的要求。如果决策中包括很多要实现的目标，如大目标、小目标等，就更需要准备多套备选方案。那样的话，也许一套备选方案能够很好地满足首要决策目标而另一套方案能够更好地满足第二、第三目标。

这种方式不仅适用于管理者的指导员工工作中，同样也适合管理者向领导汇报决策中。在向领导汇报工作时，管理者要根据自身对决策事件的判断、设身处地站在领导的角度，提出两个或两个以上的方案和建议，供领导决策时参考。虽然有些时候，领导不一定能采纳，但他们可以从下属的建议中产生灵感，做出更好的决策。这样，管理者也起到了参谋作用，替领导"排忧解难"了。

可是，多套备选方案最后只会留下一套，那么，在多个备选决策方案的竞争中，采用什么形式和方法使一些决策方案被淘汰，又根据什么标准确定某一决策方案可行呢？

决策方案选优要依据客观的标准来进行甄选，当然所有方案都是为了完成目标，因此，如果决策就是为了实现一个目标，那么这个目标就成为方案选择的唯一标准；如果决策是为了实现多个目标，就要考虑各个方案与多个目标之间的关系及其与总目标的符合程度。通过全面衡量，确定各方案与整个目标系统的贴近程度。选择最佳方案时要根据方案与目标的贴近度，从方案能否满足目标的要求来进行选择。脱离目标的方案首先应在淘汰之列。

而适应性原则是检验方案是否可行的最实用的标准。在建筑设计中常常犯这样的错误：获奖的不实用。因为那可能是模仿国外的或者比较时尚的设计，因创意时尚而获奖。但是，企业的管理决策是要落实到位的，是要各部门员工去执行的，只有适应实际工作情况，决策才有意义。当然，在执行的过程中，随着环境的变化和意外事件的干扰，方案应有一定弹性，这正是它适应性、灵活性的表现。

同时需要依据方案的效益高低和危害大小、风险程度进行选择。特别注意该方案是否有利于维护本企业的良好形象和声誉，提高本企业的知名度和美誉度，是否有利于满足公众的需求等。以此为标准比较、分析，争取以最低代价、最短时间实现既定目标。

挑选方案的方式则是通过各个决策方案之间的相互比较进行筛选，最终留下证明最充分、确认度最高的决策方案。在提出了若干决策方案并分别进行验证之后，有时也许会发现它们各自在某一方面都有明显的优点，因此不忍割舍。此时就可以弃各家之短，取各家之长，将这几个决策方案加以综合。这样就会产生出较为理想的最终决策。

管理是为经营服务的，经营的过程是将其风险和损失降到最低，这是企业经营的生命线，因此管理所要做的是保证整个经营过程的良性运转。如何降低风险，最好的方法就是集体决策，而不是个人决策。

集体决策并不意味着"跟着签字"，而是要告诉每一位参与决策的人，他能做什么，他的行为的边界是什么，以及与之相配套的奖惩制度。只有这样，人们在决策时才会真正尽自己的责任，才会有将工作做好的动力。

有时可以求助专家帮助，他们致力于某一方面的研究，往往从某一特定角度分析问题，分析结果可能是深刻的，因此，也可以请专家来帮助决策。只是要注意避免他们言论的片面性。

最后需要注意的是，管理者准备备选方案时，思维应从全局的高度和角度出发，而在执行过程中则又必须以局部的角度、从属的地位为出发点。这样才能及时为领导提供严谨、正确的意见和建议。如果只是站在局部利益的立场乱出歪点子，这就背离了管理者的职能。

用授权提升绩效

帮助员工重新获得他们自己的权威和力量，以对自己的工作生活做出适当的反应。别揽权在身，这是领导技巧的极致表现。

"我的员工总是不肯负起责任去完成一些工作，哪怕是一些我认为当务之急的事情，请帮助我解决这个问题。"在一次企业管理研讨会上，一位中型企业的总经理如是说。其实，这不仅仅是困扰着一家或几家企业的难题。

长期以来，有很多企业的总经理都在各自的企业中扮演着"世界级救难者"的角色。他们或许这样认为：公司是我白手起家打拼出来的，公司的一切决策权当然是我掌握，员工能循规蹈矩就行了。于是，他们便总是在每件事情中间来回奔波，事必躬亲地去插手控制几乎每一件工作。但是公司的绩效却总是难有大幅度的提高，甚至有所下滑。这是什么原因呢？

于是聪明的管理者悟到：是到了该"授权"的时候了。他们开始制订制度，分派工作并追踪进度，但所有的决策过程依旧掌握在他们那里。于是，员工们在工作进程中不断地向他们咨询和请教每一个小细节，结果是他们花在这些上面的时间有增无减，授权工作最终未见成效。

怎样授权才是合理且又行之有效的呢？

美国的大卫·麦克莱兰提出："人有三种基本需求。"成就需求、权力需求和归属需求。这三种需求是紧密相连的。当员工走进你的公司后，他们在出色完成本职工作并获得公司付给他们的应得薪金，还有一些奖金和表彰。这样，职务薪金满足了他们的基本温饱需求，奖金和表彰又给予了他们一定的成就感。在这种成就感的驱使和激励下，他们渐渐进入了一个最佳工作状态。需要提醒的是，这只是一种凡事听命于权威，而不愿去负担任何责任的工作状态。当这些扮演着"世界级救难者"角色的总经理们居高临下大包大揽地做出决策后其结果如何呢？

无论他们做了什么，却总是不免出错。"这都是你们的错！"除了训斥，甚至准备解雇员工。于是员工们会说："这些不都是你的决策吗？我们不过是听命行事而已，这有什么错？"

总经理们也许忘了，不论是在部门、车间或流水线里，他们都是各自领域的专家，这是不争的事实。他们知道怎样完美地去做完自己的工作，如果他们不具备这种技能的话，你是绝对不会雇佣他们并且从他的利润里拿出钱来为他们发薪水的。那么错的是谁呢？

难道是你吗？你比员工更加努力地工作着，几乎到了废寝忘食的地步。但在这里，我将不得不告诉你这个无情的事实：

"正是由于你缺乏对员工的信任而揽权在身，使得他们只仅仅是为了维持生计而臣服在你的权威下，毫无创造激情地机械重复着每天的工作，永远地扮演着逃避责任者的角色。"

人在儿童时期就学会了如何做世界级的"逃避责任者"，他们会为逃避责任找一大堆借口："我现在不能清理房间，因为我还有很多功课要做。""这不是我的错，是因为……"借口多多，不胜枚举。

身为一位领导者，你的当务之急是要鼓励员工们忘掉他们过去所学到的或已习惯的逃避责任的心态，帮助他们重新树立起"我应当担负责任"的模式，并将之转化为"我能有效而适当地对工作生活做出反应"的状态。此时，你的工作是为你的员工创造良好的工作环境，把自己从千头万绪的微观、具体的工作中解脱出来，站在宏观调控的角度去着力协调各单位之间的协作关系。

让你的员工们分别在各自的领域中扮演权威者的角色，并使他们的利润也随授权而最大化地增长。这样，他们就会感觉到自己的能力与工作态度得到了公司的充分认可和倚重，并且会意识到原来自己的工作是公司运作的重要环节之一，于是一种极大的成就感油然而生。随之是强烈的归属感："这公司是属于我们自己的啊！我们还有什么理由不为它努力工作呢？"

至此，最佳的职业工作生活质量产生了。那么，授权就实现了吗？不，还没有，不要忽略了一个极其重要的环节，那就是：你要将授权对象的自我期许，通过有的放矢的培训，提升到足以鼓励他们会在今天出现非常成就，继而在明天创造出优秀业绩的理想境地。

有这样一个故事，一位大公司的总裁到一家下属工厂召开现场改善办公会。在会上，总裁颇具民主作风地向现场的职工征询如何有效提升工作绩效的建议。一些员工提出：公司授予工厂主管的财务支配权太小，只有 10 万元的审批权，而一旦工厂里出现一些亟待解决但却超过主管财务支配权限的问题时，则需层层申报，当经过繁琐的组织程序将现金批下来时已经延误了工作进度。他们罗列了一些例子来着重阐述，他们希望公司能就此问题做出改善。总裁听后当即宣布将工厂主管的审批权提高到 100 万元，此举顿时赢得了员工们的热烈欢迎与拥护。但是轮到工厂主管担心了：我能很好地运用这项权力吗？如果我支配错了 10 万元甚至 100 万元，这个责任我承担得起吗？也许会被处分甚至解雇。这位主管的忧虑并不是多余的，这里便涉及一个我们称之为"授权预期"的问题。显然，在你准备授予员工任何重要权力之前，对其进行有针对性的培训与适应性的锻炼是十分有必要的。所以，在你的公司里建立一个员工提升及授权预期的培训机构不失为明智的决定。

现在，你可以为你的员工授权了。那么，谁是执行这项工作的人谁就将是该工作的负责人。他将承担这件事的一切责任。既然他是这项工作的专家，他就将扮演决策者的角色来决定如何能使这项工作日臻完美。在新的管理模式中，谁是实际执行者谁就拥有最大的权力。这样，你的授权完成了。

在充分授权后，你将扮演一个雁群首领的角色，并且十分有必要成立一个由包括市场、销售财务公关、人力资源研发质监等多部门的专家组成的松散型小组，以快速准确的分析处理来自企业内、外部的各类信息，据此及时做出导航性的决策，以指导各分权部门的具体工作。这个小组还有一项重要的职能，就是着力协调各部门关系，使其加强沟通，消除部门之间的鸿沟，促使各部门结成战略合作伙伴关系，通力合作使各部门的业绩取得最大化，最终达到提升公司整体绩效的目的。

指示下属只需八分

有些高管常容易犯指示过于详尽的毛病，他们明知道有些事情一定要交给下属办才行，但是却又不放心交给下属去办，因此，不知不觉中就会一再地交代：

"要按某某顺序做。这里要这样做，这点要特别注意……"

事实上，这些指示不说，下属也都已知道得非常清楚，可是上级却仍很仔细地一再指示各项事宜。

作这样详细指示的人，大部分是新创业的老板或新上任的领导，用人的经验很少，另外也有可能是从事专门职业或技术等的管理人员出身。

期望把工作做得非常完美，当然是一件很好的事，但是这样过于详尽的做法，反而会带给对方不愉快的感觉。这是什么原因呢？

受到详细指示的下属，开始时会认为，你不信任我，为什么还要把工作交给我？因而产生不满或不信赖。然而，因为不想表露出来，只好对你说："知道了。"然后乖乖地按照指示行事，每天都重复不断地按照你的指示行事。

后来，他会发现按照指示工作，实在很轻松，最后，甚至变成有指示才会工作。有这种态度之后，就会变得消极、被动，而且年轻人特有的热情和精力无法在工作中发挥，就会用在工作以外的事情上，慢慢地他会对工作不再热心了。

下属过着不用脑筋思考的日子，最终导致他失去思考和判断的能力，这是非常严重的事。有些人到了相当年龄仍然没有任何能力，大部分都是如此造成的。所以，如果一个人放弃思考的机会，最后也将失去思考的能力。

非常详尽地指示，然后感叹别人工作态度消极的老板，就是不了解这是因自己的行为所造成的后果。因为，太多、太详细的指示，将造成难以弥补的憾事。

如果你认为应对下属做十分详尽的指示，那么你最好忍耐一下，只下八分的指示就好，其用意是要留下让对方思考的余地。不管对新进或资深员工，都要按对方的能力，而决定指示的程度。

保持状态而不要延长时间

如果按照二八法则来计算，一个人在工作的 10 小时当中，状态好的情况下，2 个小时可以创造 80% 的绩效，剩下 8 小时状态不好，就只能创造 20% 的绩效。所以对于管理者来说，要做的不该是延长工作时间，而是应该思考如何延长处于好状态下的时间。当好状态的时间增加到 4 个小时后，绩效就会变成 175%，几乎是之前的两倍。

当然，这只是一个理论，理论不可能全部做到，但这个理论告诉我们，方向很重要，对员工或是自己不要去管理时间，要做的是去提升自己和员工的状态。管理时间就是基于以效率为基础，因为效率等于产量除以时间。而管理状态则是要以效能为基础。我们过分要求员工提高效率，其实就是把人当成机器去管理。似乎员工在单位时间内的产出越大，我们的管理越成功，企业的收益越大。

其实，这个行为等同于杀鸡取卵。在过分关注效率、而忽视了效能的情况下，员工的产出虽然在短时间内提高了，但是员工的能量值却在不断下降中。而管理者透支的，是员工未来的能量。唯有在产出和产能之间取得平衡，才能实现真正的效能。虽然你常会因此而临两难选择，但这正是效能原则的精髓所在。

杰克是一家会计事务所的重要管理者，今年 40 岁。在公司当中，杰克的威望十分高，因为他已经在这家会计事务所中工作了十多年，并且工作非常努力。对于杰克来说，每天 8 小时的上班时间完全不够处理完所有事情，所以他每天的都要工作十多个小时，这让他感觉十分劳累。因为工作，他睡眠严重不足，很少按时吃饭，平时都是什么最节约时间，他就吃什么。

　　并且因为工作，杰克很少有时间陪伴自己的家人，这么多年以来，他在公司的时间要远超过在家里，对此杰克也感觉到十分的愧疚，但是没有办法，因为他总感觉到自己的时间太少，为了工作，只能够委屈自己的家人。这样的情况也恰恰反映了当今社会的一个常态，位置越高的员工越忙碌；能力越强的员工，就越是连轴转。如今生活和工作的节奏都非常的快，面对繁重的工作任务，大多数人都选择用加班的方法来应对。这么做虽然能够将工作完成，但是这样会严重影响到我们身体健康、精神状态和自身的情绪。

　　而对于公司来说，这种做法会让员工的工作积极性大大降低、无法集中精神工作，面对加班的压力，选择离职的人就会越来越多。时间是一种资源，并且是一种有限的资源，它对所有人都一样，不会因为一个人职位高或者能力强就让他的一天有 25 个小时。

　　和时间相比，能量则有很大的不同。能量对于企业员工来说，就是在工作时可以被使用的潜在能力，它主要和员工个人的四个方面的状态有关：身体状态、情绪状态、思想状态和精神状态。通过形成良好的习惯，人就可以从这四个方面中获得能量。

　　想要让自己的员工可以获得更多的能量，管理者就必须将自己的思维从"让员工为企业付出更多"转变为"企业为员工付出更多"，这样做才能够使员工有好的状态，才能不断的补充能量。

　　总结来说，就是我们要学会管理员工的状态，而非时间；

并且还要学会管理自我的状态，而非时间。这个举措看似比较简单，却能对企业产生巨大的影响。。

大多数企业都在培养员工上不惜余力，他们组织员工进行各种学习，提高他们的技术水平、专业知识、工作能力等等。但是很少有企业意识到他们还需要帮助员工补充能量。因为这些企业中的很多管理者并不知道能量能够起到的作用。实际上，当员工有充足的能量，他们就可以保持良好的工作状态，可以在单位时间里完成更多的工作。

曾经有一个研究机构在在美联银行做过一个测试。测试的内容就是他们随机选择一批雇员，然后对这批员工开展一项能量管理计划。一段时间之后，他们再将这些员工的工作业绩和在普通管理方法下工作的员工业绩相比较。

结果显示，开展了能量管理计划的那批员工，他们的工作业绩要明显高于使用普通管理方法的员工。并且这些员工还反馈说：自从进行了能量管理计划，他们对工作的热情、对公司的满意度都有了大幅的提高。

培养自己的团队人才互补

每个管理者都希望自己的团队是最能干的，那么，要怎样合理搭配才能实现此目的呢？一律任用名校的毕业生或者各行业有能力的专业人才就能达到目的吗？

其实，有些能力优异的员工虽然工作做得很出色，但往往会抱怨工资低、工作环境不称心如意等。但才能平常的人却会心存感谢，因满意自己的工作环境而认真工作。由此看来，有时雇用能力优异的员工反而不如用中等人才。

松下在构建团队方面就是按照这样的原则使用人才的。在松下公司创业初始时，雇用的职员很少有高中生，大多是小学毕业生，直到1934年，松下才第一次聘用了两名专科毕业生。

松下当时这样选择的原因一是当时的高等教育没有普及，提供不了那么多的高学历人才，二是松下公司当时的产品制造不需要太高的学历，只要求雇员聪明、肯干、有责任心，能胜任本职工作即可。因此，松下公司招兵买马的第一条，就是不往高、精、尖人才的老路上挤。

松下先生曾经讲过这样的话："世上没有十分圆满的事情，只要公司能雇用到六七十分的中等人才，就是公司的福气，何必非找一百分的人才不可呢?"他认为，那些"顶尖"人才，很自负，其思想包袱影响了能力的充分发挥；而那些具有70%才气的人往往更能安心工作，因为专心当然也能很快胜任工作。这就是松下的团队人才搭配法。

在当前的企业中，较为普遍采用的是这样一种人才搭配模式：一部分具有丰富的知识、充沛的精力和强烈的进取心，但缺少经验的大学毕业生；一部分受过良好的教育，知识面广泛，接受新事物能力强，有一定工作经验的青年；一部分具有一定经验，工作上比较稳重，可是瞻前顾后，工作热情及信心显然不如年轻人的中年人。

在这样的团队中，管理者们是这样做的，放手使用第二类人，调动他们的积极性，充分发挥他们的聪明才智，让第三类人对大学生进行传帮带，解决企业内部人才断层的现象，不仅节省了培养人才的大笔费用，而且促使他们更快地成长为第二类人。他们的用人之道就是"人尽其才"，让每一个员工都发挥作用。虽然他们不一定是最好的员工，但这样搭配一定可以把工作做得很出色。

这些用人之道，不仅在无名的小企业中存在，中等规模的企业中存在，就连许多知名的大企业也强调人才多元化，而不是一律任用"高精尖"人才。

IBM 就是希望组成一个多元化的团队来支持客户多元化的需求。每年 IBM 招到的一部分人是有经验的，比如，大客户管理人员、高层技术人才、高级咨询人员、项目管理人员、职业经理人等，而另外一部分人是刚毕业的大学生。这也是人才多元化的一种体现。

他们认为大学生没有太多的工作经历，没有学过管理、项目咨询，这没有关系，重要的是他们需要了解这些人能否成长为公司未来支柱型的人才。要综合考察他们是否具备走入社会的心态，在培训的过程中，看他们是否适应公司的文化，能否不断接受新事物，是否具有团队合作素质。毕竟，那些具备一定工作经验的中上层技术和管理人员是 IBM 未来 5～10 年内大量需要的。

由此看来，团队的人才搭配要与公司的发展目标一致，应充分考虑公司能够承受的人力资源成本。绝对不能盲目追赶时尚，本来是小规模、生产传统产品的行业，却要会聚技术精英，海归、博士一大堆。

还是回到那句老话："适合的就是最好的。"能做到大才大用固然好，但小才也可大用，只要给他们锻炼、施展的机会，小才也可以成为大才。这与领导者有没有从企业发展的长远目标考虑，与他们本身有没有用人的魄力很有关系。

身先士卒做团队的头狼

高明的领导者都懂得身先士卒，为员工做出榜样，传递他们对工作的热情。彼得·德鲁克在《管理圣经》中提到，领导力就是"以身作则，让别人愿意为大家共同的愿景，努力奋斗的艺术。"在战场上指挥官们都会高举手枪或者大刀高喊"跟我来"，这就是以身作则的示范作用。

对于一个管理者而言，带好团队的第一个要素就是让团队成员服自己。而要做到这一点，没有捷径可走，只有靠自己在工作中做出的成绩以及个人的品德修养、能力水平和人格等。其中以身作则、身先士卒是最有说服力的。

不仅在战场上，在职场上也同样需要这种身先士卒的精神。管理者能站在众人之前跨出第一步，领导大家向目标迈进就是能力的证明。这样的管理者才能够真正地服众。

有些员工在晋升为管理人员之后，会花很多心思学习如何"当官"，并不明白伴随着职位而来的是更沉重的责任。实际上，他需要表现自己的优秀之处，喊破嗓子不如做出样子。史瓦兹·柯夫将军说："下令要部下上战场算不得英雄，身先士卒上战场才是英雄好汉。"

需要把 70% 以上的时间用来脚踏实地地做事，在以身作则的示范中树立自己的威信。这样的威信才是可以服众的，可以经受长期考验的。否则，光说不练难以服众，长此以往只会加剧和下属之间的冲突，最终使部门分崩离析。

台湾第一大民间制造业——鸿海集团执行长郭台铭就是以身先士卒、以身作则的管理风格让员工心服口服的。十多年前，鸿海生产黑白电视的旋钮，刚引进连接器冲压技术时，郭台铭每天都到工厂，亲自带领同仁一起磨炼技术。连续运作 6 个月，就将鸿海的冲压技术提升到国际水准。当 SARS 疫情最严重时，郭台铭仍坚持飞回深圳龙华基地，他就是要告诉所有鸿海人，哪里最危险，他就在哪里。

郭台铭这种身先士卒的精神极大地鼓舞了员工的工作热情和干劲。这就是榜样的力量。榜样的力量是无声的，这比任何豪言壮语都更能说服众人。如果管理者能够像郭台铭一样身先士卒勇挑重担，为员工解决棘手问题，当然能够赢得员工的敬爱和佩服。

虽然新时期员工的思想观念、价值取向和兴趣爱好都发生了巨大变化，他们对领导者的挑剔程度和评选标准有了很大改变，可是，在他们看来，领导者身先士卒仍然是最有说服力的。因此，高明的领导者懂得：若要部属努力地工作，自己必须更努力地工作。要激发团队的斗志，身先士卒是最简单的方法。

身先士卒不仅是能力的证明，也是品德的证明。作为一个领导者，应成为下属的行为楷模，处处起到模范带头作用，凡要求下属做到的，自己首先做到，凡要求下属不做的，自己坚决不做。无论在大事上还是小节上，都要做到身先士卒，吃苦在前，享受在后，为下属树立榜样。很多时候，人们习惯于见困难就躲就逃，见利益就争就抢。在利益面前，如果管理者能够为员工考虑，身先士卒避让利益，也会让员工敬佩的。

有个小规模的私营企业，在大夏天，老板放着宽大的办公室不用，自己在一间不足 10 平方米的办公室办公，而且还开着一个风扇。但是他却让员工用宽大明亮的办公室，空调零食一应俱全。

刚开始，新员工没有去过老板的办公室，以为他的办公室很宽大舒服。等他们去过老板的办公室，看到办公条件如此简陋，内心马上就升起了一股钦佩之感。他们感到老板确实是工作在前、享受在后的模范。因此以后不用督促，就能十分主动和努力地工作。而这只是因为他们感到，自己工作不好就对不起管理者。

以身作则不仅表现在克服困难、避让利益上，也表现在平时的工作小事上，这同样也可以树立自己的威信。

不论大事小事，管理者能够以身作则，这不仅能够树立起管理者的威信，也是一个光荣传统，是一笔宝贵的精神财富。员工在这样的精神感召下，也会改变自身的一些缺陷，提升自己的能力和素质。这样的管理者就起到了领导者的模范带头作用。

第四章　团队应呈现何种状态

团队，是企业经营发展的关键，是发展成功的前提。我们管理者若想带领团队走向胜利，需激发员工们的积极性，让他们充满热情地投入工作，才能去自发地奉献自己的聪明才智。

我们对团队员工激励的水平越高，对方完成任务的努力程度越高，取得的工作绩效也越高。所以，懂得激励团队的管理才能更轻松的完成工作。

要激发员工的活力，前提是我们自身要充满热情。如果领导者充满朝气，积极进取，快乐幽默，员工也会受其鼓舞。在所有的员工中，年轻人员工的活力是最充沛的。而对一些中老年员工，让竞争者和年轻员工与他们搭配组合，互相弥补，互相促进。

最后，需要营造愉快的团队氛围，如果员工能感受到企业对自己的关怀和认同，他们的积极性也能得到充分发挥。时刻帮助团队员工养成自我管理的能力，让员工越来越职业化，才能让员工自己感受到自己的价值，提高团队的行动力。

爱岗敬业是基本要求

做事一定要有敬业精神。卡耐基说过："除非喜爱自己所做的事，否则永远也无法成功。"不论从事哪项工作，热爱自己的工作都是走向成功的第一步，俗话说要"干一行，爱一行"，"三百六十行，行行出状元"。

敬业是指专心从事学业和工作，宋代思想家朱熹说："敬业者，专心致志以事其业也。"领导者除了有为社会造福的使命感之外，还应有责任感，有敬业精神，这是十分重要的。要热爱自己的本职工作。领导者负责，不仅表现在日常工作中，更表现在生死存亡的紧要关头。即使碰到了失败，也要把失败的责任一肩挑起来，不怨天不尤人。

失败的原因可能来自外界的大环境，也可能来自内部的其他人。但当此之时，作为组织灵魂人物的领导者，你绝不能寻找借口、推诿责任，而应该承担自己未能及时调整以适应环境的责任，以及自己用人不当、调解不力的责任。只有这样，并且在此基础上深刻反省，认真调整，失败才能成为成功之母。从事任何事业都必须有一种敬业精神，敬业是事业取得成功的关键，也是领导能力提升的关键。

每项工作都是有出息的，每个从业人员都要充分认识自己的工作在整个社会中的地位和作用。如果不是这样，总是见异思迁，看不起自己的工作，就不会有工作的积极性和创造性，甚至磨洋工，玩忽职守，造成严重损失。应该认识到，既然身为领导，就有领导者的责任和义务。我们要热爱自己的工作，忠于职守。要树立强烈的职业荣誉感，这是取得事业成功的前提条件，美国哲学家爱默生说："没有热诚，不能成大事业。"

要刻苦钻研业务。要做好领导者工作，必须要有做好领导的本领。这就需要努力学习管理知识，领导者需要具备一系列的专业知识和综合知识。不懂得业务，不掌握技能，甘当门外汉，只能贻误自己，祸及社会。

一个想成为成功领导者的人，应该精益求精，虚心向书本学习，向实践学习，向同行学习，永不自满，敢于创新。精湛的管理技巧是事业成功的重要条件。要把崇高的志向、远大的理想与脚踏实地的实干精神结合起来。对于领导者来说，这点非常重要。

缺乏志向和理想的实干是蛮干，不可能走上理想之路；离开了脚踏实地的实干精神，志向只能是空喊，理想成了空想。有人曾开出一张"烹调"成功的秘方：把抱负放在努力的"锅"中，用坚忍的小火"炖熬"，再加上判断做"调料"。其关键在于坚忍不拔的努力。杰出科学家爱因斯坦在总结自己一生成功的经验时讲道："人们把我的成功，归功于我的天才，其实我的天才，只不过是比别人刻苦罢了。"脚踏实地，埋头苦干，这是一切工作取得成功的根本途径。

任何投机取巧，企图一蹴而就都是不切实际的幻想。伟大医学家李时珍撰写《本草纲目》花费了 27 年，杰出文学家曹雪芹写作《红楼梦》用了"十年辛酸泪"，著名科学家达尔文完成巨著《物种起源》用了 20 年，革命导师马克思著述《资本论》付出了 40 年心血，大诗人歌德写成《浮士德》前后整整 60 年。

任何一项伟大事业的成功，必须经历长期不懈的努力，需要付出巨大的以至毕生的艰辛劳动。要想成为一名出色的领导者，更应有这种精神和毅力。

忠于职守，尽心尽力做好本职工作，这是领导者敬业精神的主要要求。敬业，就是要严肃认真，恭恭敬敬，专心致志地对待自己的工作。敬业还要谨慎处事，恭敬奉事，全心全意。敬业是领导者的一张王牌，是对领导能力和团队成长的一种提升。

团队的每个人都很重要

作为一个团队的管理者，自有他的价值所在，但是一个管理者的最大的经营价值不是在于让事情变得更好，也不是在于让制度变得更完美，而是让组织当中每一个人变得更重要。

一个人在组织中的职位越高，就越需要让其他人成为赢家，而不只是关心自己是否能赢得胜利。把关注点从自己转向别人，聪明的管理者总是会懂得激励身边的人。我们越是克制表现自己的冲动，在他人眼里就会变得越了不起。

玩过多人皮艇漂流的人都知道，漂流皮艇的航道都不是直线平整的，在折线的航道上，航道折的角度越大，水流的速度越快，参与漂流的人才越觉得有意思。而当皮艇经过转弯处时，很可能在转弯前还坐在皮艇最前方的人，等到转完成就跑到皮艇的最后方。因为多人漂流皮艇并没有前后这一种说法，所以也就没有谁坐在前方谁坐在后方的这种说法。也就相当于皮艇上的每一个人都是关键人。

在皮艇转弯时，大家想要控制住皮艇，就需要艇上的所有共同协作，才能够实现，每一个人都要对自己遇到的情况及时作出正确的反应。如果其中有一个人做出了错误的反应或者反应速度慢了，那么他们就无法控制住皮艇。

我们将皮艇的这个例子引申到管理团队中也同样适用，著名的短板效应也表达出类似的意思。所以管理者要明白，在你的团队当中，每一个人都非常重要，你必须要去关注团队中的所有人。

另一个是关于地狱和天堂的故事，有一个神父死后见到了上帝，他就问上帝："天堂和地域究竟有什么区别？"上帝就将神父带进了一个很大的房间。在这个房间中央的位置放了一口巨大的锅，锅内都是食物，但是锅的周围则有一圈铁栅栏，阻止人靠近锅。而在铁栅栏外，有一群饥肠辘辘的人手中正拿着汤勺试图吃到食物。虽然汤勺十分的长，可以盛到锅中的食物，但是也正是因为太长，他们无法将盛到食物放入自己的嘴中。并且汤勺只有末端可以用手去拿，其余的部分都布满的铁刺，无法用手直接去拿。因此，一群人就眼睁睁的看着汤勺中的食物，却在承受饥饿的折磨。上帝告诉神父："这就是地狱。"

接着上帝又带着神父去了另一个房间，这个房间和神父看到的第一个房间完全一样，也有锅、布满铁刺的长勺、铁栅栏和一群人，但是这群人却正在享受这锅中的美食。原来他们再用手中的长勺互相去喂其他人吃。上帝告诉神父："这就是天堂。"神父听完之后恍然大悟。

这个故事的寓意就在于告诉人们团队协作的重要性和价值，以及如何同团队成员进行合作。

真正的管理者，就要促使组织中的每个人都拿起自己的长勺，喂养他人。让团队中的每一个成员既是付出者，又是获得者。

管理者就应该打造出这样的团队精神，自己的员工愿意发挥各自的优势，去帮助和扶持自己的伙伴，最终实现团队的共同目标。

让团队运作细节化

团队快速成长是身为管理人员的职责与骄傲。

一个团队在面临战略转折点时，往往首先引起的是管理层的情感反应，所以，成功的团队离开自己过去熟悉的领域，去开创一个新的领域，首先带来的往往是我们管理层的某种失落。就像一个直拍的乒乓球冠军，在直拍被取消的新规则下，就会存在某种心理失落。

而这种失落会使我们"否认"这项战略转折，接下来是对过去成功的强调，来支撑自己是正确的，遇到挫败之后才会进入反省。而最后往往是在更大的失败后才开始认清现实，才开始发动变革。只不过这时候通常晚了，新的对手已经在我们犹豫的时候强大了。

懂得了这种过程，那么适应我们团队的战略就不再是救火式的"重大决策"，而是针对这种情感过程进行细节上的"不断调整过程"。

我们管理者要一直以未来变化为基点，尝试对产品、程序、顾客、渠道等等各种细节方面的改进和试验，一旦风向转变，就果断地把握住新的机会，冲到新的制高点。

世界上并没有真正的危机，所谓危机是指我们对静止世界的安逸与对变化的否认。遗憾的是，大部分成功的公司往往都不约而同地选择了"对静止世界的安逸与对变化的否认"。

IBM 是计算机最早的领导者，整个 20 世纪 70、80 年代，IBM 都得意洋洋地沉浸于行业霸主的优越感中，但进入 90 年代，IBM 却突然发现，自己被个人 PC 的新潮流抛弃了，IBM 仍然是大型机的领导者，但大型机的价格和利润却在一天一天地下降。计算机产业似乎一夜之间就成了微软、英特尔这些"小公司"的天下。

所以，管理者要从细节管理入手，让我们自己和我们所领导的团队时刻处于危机感中。这样才能在风雨来临之前做好万全的准备，不被社会进步的洪流所淘汰。

养成团队员工自我管理能力

任何完美的战略都离不开有效的执行，而有效的执行除了文化的引导与制度的约束之外，重要的是员工的行动力。员工的行动力靠什么来保证，不是单纯地靠规章制度，而是从提升员工自我管理的意识与能力入手，这样才能让员工更为积极、主动地参与进来，不必领导督促他们也会把工作做到最好。

可是，几乎在每个企业中都有一些自我管理能力比较差的员工。虽然他们不是有意为之，但事到临头就是无法管住自己。结果，给周围的人造成了一定的困扰，自己的工作也很被动，对此，他们也困惑，不知道应该怎样把握好自己。如果我们遇到这样的下属应给与适当的引导和帮助，在遇到不善管理自我的员工时，我们可以直言相告这样任性而为的危害性。让他们认识到这种坏习惯会影响自身的成长，也会影响自己的人际关系。

之后可以采取一系列措施帮助他们改正。可以对他们好的表现及时表扬，也可以和他们约定惩罚措施，必要时可，以用惩罚的方式对他们的过分言行予以惩罚。这样多管齐下后，他们的这些坏习惯慢慢就会纠正过来。

一般来说，在充满活力的鼓励创新的企业中，员工内心会形成一种追求变革的心理需求，有足够的动力，积极、主动地进行自我管理。而在一个缺乏创新机制的企业内部，员工追求自我提升的动力会受到极大的压制。因此，管理者要帮助他们营造一个充满活力、鼓励创新的氛围。

同时还要向员工灌输正确的企业文化引导，良好的文化氛围会让员工无形之中感受到自我提升的压力与动力。在企业内部形成一种自己追我赶、鼓励竞争的机制就是这种文化氛围的表现，这也能促使员工积极主动地进行自我管理。

员工提升自我管理是为了什么？一是为了自我的跨越，二是为企业作贡献。那么，公平公正的选人、用人机制才可以为他们才能的施展提供空间。只有员工看到自己的努力得到了回报，才会激励自己不断提升。

丰富的载体平台可以通过寓教于乐的形式，给员工提供相互交流、相互学习的机会。这样也可以更好地激发起员工自我提升的动力。员工之间需要相互帮助。而积极、融洽的人际关系，也可以为员工提供相互学习、相互交流的机会。员工在融洽的团队氛围中也会拥有足够的动力进行自我管理、自我提升。

总之，提升员工自我管理能力的目的在于实现企业与员工的一起成长。因此，这种管理手段摆脱了传统的命令和控制模式，一方面可以为企业的发展提供更多的智慧与力量，另一方面，也让自己更好地成长。从而使企业与员工形成一种合作共赢的新型关系。

培养团队员工职业化

职业化就像一场足球比赛，职业运动员与业余运动员同场竞技，其结果不言自明，树立职业化心态、达到职业化的标准不仅是个人发展的需要，更是团队发展的需要。因为职业化流程中每一个环节都有规范，按规范做事才能提高效率，并给团队带来竞争力。

有统计数字表明，我国是世界上人均工作时间最长的国家之一。挪威人工作时间最短，可他们的劳动力每小时平均创造财富 37.99 美元；美国人工作时间相对挪威长一些，他们人均每小时创造财富为 35.63 美元。而终日忙碌的中国人，人均每小时创造的财富仅为 5.75 美元，竟然还不到挪威人的 1/6。

为什么我们创造的财富如此之少？为什么我们工作时间长却没有效率？因为我们不具备职业化的心态和职业化的标准，很多人并不喜欢按照流程做事。

正是因为我们没有职业化的心态，没有职业化的行为和标准，因此造就了大量的废品和返工，吞噬了效率，增加了成本。

有一家企业，废品率竟然高达 10%。一次，在日本访问中，负责人了解到日本同行的废品率仅是 1%，感到很惊讶。于是他提出到该企业去考察。他在考察中发现，在日本的企业里，员工进行生产的操作台上面物品一律摆放整齐。桌子上面都画好格子，哪个位置放置什么工具一目了然，也便于拿取和操作。而且日本员工在工作时间几乎没有闲聊的，都是在聚精会神地做自己的本职工作。

这位负责人大发感叹，他想到自己的企业中，员工的操作台上摆满了乱七八糟的物品，不仅包括操作工具，也包括自己的生活用品。结果，他们在操作时常常因为找不到工具而耽误时间。

不仅如此，他们上班时间聊天、吃东西、干私事也很常见。相比之下，这位负责人明白了日本企业高效率的原因。由此可见，员工职业化的程度的确影响着企业的效益。团队要想在激烈的竞争中立于不败之地，塑造下属的职业化心态是关键。

然而，很多管理人员都忽略了对下属职业化的培养，甚至根本就没有培养下属职业化的概念。君不见，在我国企业中都不乏那些高智商、高学历，甚至高能力的领导。可是，员工的效率为什么不高呢？可能就在于缺乏职业化素质。

没有职业化的行为，就无法创造效率。为此，张瑞敏曾说自己在企业中要扮演设计师和牧师的角色。要不断布道，使员工接受职业化教育，提高员工的职业素养。

管理者如果希望得到高绩效员工，就需要培养员工的职业化。其实，职业化就是一种工作状态的标准化、规范化和制度化。一般而言，职业化的内涵有四个方面：职业化的工作技能、职业化的工作形象、职业化的工作心态和职业化的工作道德。

职业化的工作心态是工作到位的原动力。只有具备了职业化的心态，以职业化的态度去做事，下属的行为才能成为自觉的行为，而无须用企业的规章制度和惩罚措施去强行进行约束。同时对下属要注重进行职业化的工作形象培训，比如个人形象的彬彬有礼、友好、能得到客户的认同和欢迎等。

而职业化的工作技能培训根据行业的不同而不同。如果员工从事的是客户服务类的工作，要培训他们做到：回答客户的问题时肯定而明快；提供给客户的信息正确而及时；遇到和客户之间的摩擦和冲突，具备较高的协调能力与沟通技巧等。

如果是生产型企业，规范的操作制度和规程就是标准化的表现。这样虽然显得死板，限制了下属在工作中的创造性，但事实证明，恰恰是这种对流程的执著，反而提升了他们整体的工作效率，使他们可以用更少的时间，创造出更多的财富。

职业化的工作道德培训包括让下属认识到自己的工作对客户的价值，并建立对公司的归属感。这样他们对于工作的热爱便是发自内心的，工作便会演变为一种自发的行为。

当然，要让员工职业化，管理者自己首先要以身作则，让自己先职业化。只有自己先职业化以后，才可以纠正或批评下属不够职业化的地方。

跳槽严重怎么办

绝大多数员工决定跳槽是经过仔细考虑、权衡再三的，在这种情况下，我们的挽留措施如果不是击中要处，很可能是毫无意义。如果结局不像我们设想的那么圆满，他的离去已成定局，那么我们也只有大方地预祝他的事业成功，来个善始善终。

对爱跳槽的员工来说，其从业意识本身是无可厚非的，但很多管理者受传统观念的影响，认为员工应当"从一而终"，"不侍二主"，认为跳槽是品格方面的缺陷。持这种观念的管理者不在少数。

市场经济环境下，跳槽是一个十分普遍的现象，俗话说："人往高处走，水往低处流。"在我们的部门里可能就有一两名"身在曹营心在汉"的员工，他们仿佛跳来跳去的青蛙，希望能越跳越高。对待他们的态度，不仅仅是我们个人的喜恶问题，它可能直接影响到我们部门的其他员工对于个人前途的打算。

也许是因为这种观念早已在中国人的头脑中根深蒂固的原因吧，我们往往不能把单纯的经济行为放到单纯的经济关系中去评判。

由于市场经济可以自由流动，只要任何一方认为对方不符合自己的要求就可以"炒"掉对方。作为企业，希望员工长久为公司服务、奉献，这很正常，但这种希望已经失去了现实可行性。

随着对外开放力度的加大，西方企业中的一些新的思想开始在国内传播。许多外企都愿意招聘那些曾经有过很多工作经历的人，因为"跳槽"至少可以说是一种经验的累积。每到一个新工作环境，我们的工作能力、与人相处的能力等都有不自觉的提高，所以只许我们雇佣"跳"来的员工，而不许自己的员工"跳"走，实在有些不通人情。对人才流动应有一个正确的认识。可以说对跳槽行为正确的认识是我们有效管理爱跳槽员工的基础。

一般而言，喜欢跳槽的员工往往都有一技之长，他的离去可能会给公司带来一些损失，所以如果能在最后关头将人留住，应该说是圆满的结局了。对于员工的跳槽，管理者首先应当检视自己的行为，从自己身上寻找原因，管理者应当冷静而客观地分析一下是不是因为自己工作上的失误才导致了员工的跳槽呢？尤其是仔细回想一下是不是自己曾经给过他一些承诺而至今没有兑现？是不是作为公司一员应拥有的东西没有得到？是不是他没有得到与他的工作业绩相符合的回报？

不要认为大局已定而随便放弃了想要跳槽的员工，或许我们的补救工作成果出乎我们的意料，更重要的是不要让其他员工感觉自己的同事是因为受不到公正的待遇才迫不得已走掉的。所以，在日常管理中，这种自检工作应当是一项定期的工作，这样至少可以避免一些失误的出现。

对于能够挽留的欲跳槽的员工，管理者应该及时地做出一些主动出击的行为。在他仍犹豫不决之际，将他留住，这也许是我们挽留人心的最后一个机会。必要时和他谈一谈，在不与他谈及"跳槽"问题的前提下，和他畅所欲言。

我们可以讲公司的长期和短期发展目标，我们可以讲讲他所处部门今后将要面临的变革，我们甚至可以诚恳地肯定他为公司所做的工作和成绩，然后让他知道他在我们心目中的位置到底如何。在这样的循循劝诱之下，燃起他对公司的希望之火，让他清楚地看到自己的未来。

我们还可以与他一同回忆我们们曾经度过的快乐时光，或者告诉他一些我们不曾透露给他的公司为他制定的培训计划。"那个计划的大部分已经顺利完成，可惜后一半我们也许不可能再继续了，不过我们现在已经比刚来时成熟多了，各方面能力也确实提高了不少呀！"我们拍着他的肩，充满信任地望着他。在这种情况下，他很可能会惭愧地低下头，于是我们的挽留行动也就成功了。

另外，为了预防由于"跳槽"带给公司的一系列危害，我们最好在日常就做好一些法律方面的工作，减少公司的损失。

第五章　如何避开工作中的雷区

在我们的职业生涯中，因接触的人或事不同，难免会遇到很多棘手的问题，有时我们只考虑了自身的得失而忽略了团队的利益。有时我们只站在自己的角度而忽视了下属的感受。有时问题被呈上来之后我们想处理却无从下手，这些都是我们会遇到的问题，也从侧面反映了我们一些方面的不足。

身为管理者，我们不得不与各类人打交道，这些人中既有和自己志同道合、情趣相投、配合得力的，也有自私狭隘、敌视、中伤自己的。于是，我们经常会感到自己不够老练，人际关系不够圆滑，而伤脑筋。

由此可见，要想处理好各类关系，是要掌握一定的交往艺术才不会误入工作中雷区。

管理流于人治

有资料指出，世界 500 强企业的平均寿命约为 40 年，一般跨国公司的平均寿命为 11 年，美国的大型企业的平均寿命将近 40 年、中小型企业的平均寿命不到 7 年，日本企业的平均寿命为 30 年、中小型企业的平均寿命不到 6 年，而中国大型企业（集团公司）的平均寿命约为 8 年、中小企业平均寿命则不到 5 年。这些数据说明多数中国企业家打造"百年老店"的梦想仍需要几代人的努力才有可能实现。

中国是一个人治传统悠久的国家，这一点也体现在企业中。那些对企业作出重大贡献的企业家，或者是民营企业的创始人，或者是使国有企业由小变大的强人，他们受到员工的真心尊敬甚至崇拜。这时他们往往会神化自己，或被别人神化，成为至高无上的独裁者。也许喜欢独裁是人的天性，这种天性在群众崇拜的环境中就变为现实。许多企业也正是在这时开始走下坡路，而企业家往往还陶醉在过去的辉煌中。这正是许多企业短命的原因。

读中外企业家传记时总觉得，中国一些企业家太重要也太辛劳了，事无巨细都要亲自处理，一人成败决定企业存亡，繁重的工作压得他们喘不过气，甚至累死在岗位上。再看外国企业家，潇洒得很，掌管 GE 的韦尔奇居然还有时间搞了三次耗时费力的婚变。企业家劳累与潇洒的背后，是企业人治与法治的差别。

　　人治的企业的兴旺和失败都取决于金字塔顶的那个人。在这种情况下，个人的能力就是企业发展的界限。企业的兴亡系于一人之身。法治企业依靠的不是一个人，而是一套制度。制度可以保证个人更好的发挥作用，同时可以纠正个人的错误。这种企业也会有曲折，但具有自我纠错的机制，不会一条路走到头。总之，依靠个人企业会有一时的辉煌，依靠制度企业才有基业长青。

　　这几年，中国改革开放 30 年催生并幸存下来的第一代企业家大多已过知天命之年，开始正视并着手解决"接班人"问题。少数超过中国企业平均寿命的优秀企业，其创业者中不乏步入花甲甚至古稀之年，他们中的不少人尚未退居二线，但是纷纷开始重视从企业体制、机制上强化"营盘"、追求可持续发展。在这一过程中，常常被提及的举措是制度化、规范化、流程化，以及与之密切相关的信息化。

　　管理学家将企业家的生命周期分为 5 个阶段：

　　（1）受命上任或创立企业，此时经验不足但有胆识有干劲；

　　（2）引导企业获得成功，有干劲而且有经验，是辉煌时期；

　　（3）形成自己的风格并稳定下来，企业处于平稳发展阶段；

　　（4）满足于过去的成就，趋于保守，无论思想体力都没有了当年的锐气，甚至由于过去的成就而自我神化，这时企业处理平稳中滋长潜在的风险；

（5）功成名就，思想僵化，年事已高，学习能力和学习意愿都下降，但仍掌握企业大权，成为创新、发展的阻力。这时一个关键的错误就会断送企业。

是一个人说了算的企业，或者说是由一个人的能力专制的企业。这种企业也会有制度，但制度体现了专制者的意志，是制约别人而不制约他的。这正是哈耶克所说的"专制之下无法治"。这种企业也许有董事会之类的机构，但形同虚设，决策由一个人作出，几乎大小事都由一个人说了算，这个人甚至会成为企业的神，他的"语录"作为最高指示，他的思想观念体现在企业的各个方面，企业成了人的化身。

法治企业是按一套规定的制度运行的企业。这种企业也需要一个精明强干的企业家，而且他起着至关重要的作用，但他的作用与权力是制度赋予的，而且要受制度的制约。在制度面前，他和其他人是一律平等的。在这种企业中，包括最高领导人在内的所有人的职责都由制度安排所决定。重大决策的出台和发挥作用有制度所规定的程序，日常工作与协调按制度运行。在企业实行法治时，每个人都明确自己的权责利，企业家不用事事亲为。

这两种企业发展的结果是不同的，人治企业的成败完全取决于个人。一个能人会使这种企业兴旺，甚至可以说，没有这个人就没有企业的成功。但由于没有人能制约这个人，所以，他的失误也会致使这个企业失败。在人治企业中，人在企业在，人亡企业亡，几乎成为一个规律。历史上典型的人治企业的例子莫过于福特汽车公司了。福特公司由亨利·福特一手创建，应该承认，福特的确是一个汽车天才，懂技术、懂经营、有思想、有胆识。他提出汽车进入家庭的观念，发明了高效实用的 T 型汽车，并发明自动生产线，实行效率工资，使汽车价格由最初的 4700 美元下降到 1914 年的 360 美元。汽车成为普通交通工具。他不仅造就了一个福特公司，而且造就了一个至今仍然兴旺的汽车行业。在福特公司，福特绝对是独裁者，一切由他说了算。当通用公司等企业致力于汽车的舒适化、多样化、个性化时，福特坚持生产单一的 T 型汽车，拒绝任何人的意见，甚至在别人研制出新型车时，他亲手毁掉了这辆样车。由于福特的顽固，福特走了下坡路。

法治的企业可以靠一套制度来纠正个人的错误，即使最高领导人作出了错误的决策，也有一套纠错机制。这样，个人可以退出或死亡，但企业可以依靠制度而长青。任何人都是企业机器上的一个零件，零件坏了可以换，但整部机器仍在正常运行。康柏公司正是靠制度获得了新生。上世纪 80 年代起步的康柏公司在 CEO 罗德·凯宁的领导下取得了不凡的业绩。他们高质量的手提电脑与高速、大容量的微电脑曾风靡一时。公司成立 5 年后销售额突破 10 亿美元。但到了上世纪 80 年代末，电脑开始普及之后，凯宁顽固地坚持高质量、高价格，反对低价、大批量普及的潮流。这时，董事会决策制度发挥作用，撤掉了顽固不化的凯宁，康柏又走向新生。

人治的企业是一个人说了算的企业。这种企业也会有制度，但制度体现的是此人的意志，是制约别人而非自己。法制企业是按一套制度来决策和运行的企业。这种企业也需要强的人，只是这个人的权力是制度赋予的，而且也要受制度的制约，他也是企业这部机器中的一个零件。

对比这两种企业可以看出法治对企业的重要性。一个人无论多伟大也不能不犯错误，人治企业无法消除个人错误引起的恶果，而法治企业有消除这种错误的机制。

值得指出的是：强调法治并不是否认天才企业家的作用，而是强调个人要依靠制度起作用，并受制度制约。企业由人治走向法治是一个过程。在企业的起步阶段，人的作用更重要，一个成功的企业开始时更多靠的是能人，但在企业发展的过程中一定要从人治走向法治。从人治向法治的转变是企业关键的转变。如果不能完成这种转变，企业最终逃脱不了死亡的命运。只有在完成这种转变之后，企业才能走上发展的正道。

"文山会海"尽务虚

在上班族之间，流传着"宴无好宴，会无好会"的俏皮说法。大意是指有人想请您吃饭时，先别高兴，饭局中保证没好事！而且一定有附加条件！而"会无好会"却道出了员工们对"会海"的厌烦和惧怕。

一般来说，事业单位和国企相对来说钟情于开会，民营的中小企业则要务实的多。但也有一些上了规模的公司的喜欢会议。周会、月会、干部会议、产销协调会、业绩检讨会，再加上新商品开发会、广告战略会等等，不胜枚举。很多员工一到开会现场，或是牢骚满腹，或是昏昏欲睡。

如果是公司开会的方法不对（例如一开会就是十来个钟头或连着好几个会，连喘息的机会都没有），就很容易演变成企业危机。

为了开好一次会，公司所投入的时间成本、金钱有多少？你曾仔细算过吗？

从上级指示下来后，会议召集人往往要花很多时间发通告、协调各部门主管。再分别由各部门准备相关资料以供讨论。试想，公司的精英分子花了那么多时间去搜集、整理、分析、撰写、复印、装订、分发，要耗费多少精力和资金。

从"你开会，我开会，大家都开会；你发文，我发文，大家都发文。横批：谁去落实"的对联中，从"大会中会小会，会会有我；你说我说他说，说了也白说"的顺口溜中，不难看出人们对文山会海的深恶痛绝。

如果会议有结论，那倒还值得安慰，如果全部都"议而不决"，那才遗憾呢！

中小企业经常忽略他们的一个最重要的机会成本，这就是他们的高级雇员的时间消耗。根据一家私营机构对美国1000家企业内200名行政人员所作的调查显示，行政人员估计在他们每天的工作时间中，平均15分钟用于打电话，32分钟用于阅读或抄写必要的备忘录，72分钟用于不必要的会议。假设这些经理们每年的平均工作时间是48星期，每周5天，那么他们用于打电话的时间就是60小时，读写备忘录用了128小时，而不必要的会议就占据了 288 小时。若按 8 小时工作制换算，分别大致相当于 8 个、16 个和 36 个工作日！

也许有些读者会觉得，这些数字顶多是某种有趣的描述，却并不能解决实际问题。有谁能预言将召开的会议纯粹是浪费时间呢？无可否认，每个会议都具有一定目的，通常我们只有在会后才能对会议的必要性下结论。要想从预测方面着手，暂时还行不通。

那么我们不妨换个角度看看，就从会议召集者的想法开始吧。

假设你是某机构的管理人员，要在机构内部召集下属或同事开会。当你计算会议费用时，你将考虑哪些方面？可有的答案包括场地租金，交通费和宣传费等等。但是对于内部例会，这些费用便通常可以免去。就在你准备报出"零"这个数目时，请注意一个问题：你是否需要为到会者支付报酬？

一般来说，你的回答是否定的，因为这是工作会议。有道理，我们还可以得出一个推论：既然你也不必为到会人员支付额外酬金，那么会议成本当然为零。

成本是厂商极为关注的问题，为了增加赢利，人们总是千方百计地降低成本。然而对于成本为零的事情，其效率高低如何，大家就不太在意了，反正不必花钱。很明显，会议的效率低下同"会议成本为零"的观点有很大关系。

然而这种观点是否正确呢？

让我们首先从你的回答依据开始进行分析。你相信，与会者都是本机构的员工，他们的工作已经包括了参加必要会议的义务，于是他们应当到会，而且不能为此提出报酬要求。然而我们是否可以认为，与会者在会议期间别无所获，完全都是无偿工作呢。

哪有这样的好事？回答当然是否定的。无论与会者因为开会而离开岗位有多久，所属机构将分毫不差地继续累计他们的工作时间，以便计发工资。

现在，我们可以清楚地看出，与会者将有偿参加会议，只不过付钱的未必是作为召集者的阁下，而是所属的机构。这样一来，即便会议规模再小，哪怕只限于同一办公室，由于与会者是本机构的员工，你就不得不考虑会议成本的问题。

如何纠正人们对会议成本的认识，加强与会时的紧迫感，进而提高会议效率？美国研究者提出了一种简便易行的方法，就是在会议室显眼处设置一块计时牌，预先录入每个与会者每小时的薪金数目，从他们到达会议室的时刻开始计时，累计并显示全体与会者的薪金数目，直到会议结束。

每开完一次会，你大概都觉得如释重负。但是千万不要忘了，作为管理者，你应当对自己召集的会议做出正确评估，看是否开得划算、是否有成效。不妨向自己提出以下问题：

会议是非开不可吗？它是解决问题的最好方式吗？

我事先准备和通知会议的时间、地点和会议议程了吗？

我挑选的会议室有必要的设备吗？

讨论切题吗？

会议是否简短到可以吸引住大家的注意力？

会议是否做出了与上级意愿一致的决定？

与会者都参与讨论了吗？

多数成员都参与讨论了吗？

问题的所有方面都涉及到了吗？

我是否由于垄断会议而限制了讨论？

在提出解决办法之前我们是否全面地讨论了问题？

在达成一致协议之前是否已讨论过了几种解决问题的办法？

是否鼓励与会者来表达他们的真实感情？

我有能力缩小严重的分歧吗？

我是否使会议按正规讨论问题而不是批评个人？

达成意见一致吗？

会议的开销值得吗？

搞清了这些问题，你才能知道这个会开得是否有效、是否划算。如果对以上问题你大都能给予肯定的回答，那么你应该放心并且感到满意，你的会议开得很成功、很不错。

每开过一次会，都问自己这样一些问题，总结经验，不断改进，慢慢地，你就会把自己磨炼成为一个开会高手，在会议桌这个领导舞台上尽展风姿，实现你的领导目标，达到你的目的和愿望！

只想自己成功而忽略团队

有些管理者认为只要自己有能力，就能战无不胜，攻无不克，在晋升的道路上一路绿灯。因此，他们在拓展职业生涯上升空间时，一心只关注自己向上的发展空间，却没有给予员工及时的帮助，为他们规划清晰的发展前景。

在这样的领导下，员工们就失去了工作热情和干劲。而失去下属的支持和帮助，管理者孤军奋战很难成功攀登到自己希望的终点。

管理者如何才能得到更大的舞台，实现自我价值呢？

刘老师在学校担任班主任职务。他的教学能力人人认可。他不仅拥有名牌学府的高等学历，而且在工作上做出了很多骄人的成绩，是绝对的"实力派"，凭业绩说话的。而且他对自己所担任的课程也倾注了全力。

按照刘老师的工作能力，早就应该晋升到一个更高层的职位。然而，和他工作年龄相当的早就升任教务主任、校长了，即便比他工作时间短的老师也升任教研组长了，可刘老师仍然是一位最基层的班主任。这是为什么？看着自己和一帮年轻人坐在一个办公室中担任同样的职务，刘老师心中也愤愤不平。

刘老师也许并不知道造成这种状况的原因就是他不懂得团队协作的重要性。他在办公室中总是一头扎在自己的工作案头上，从不和任何同事交流，也不向同事获取帮助。即便是同教研组的同事需要他帮助，他要么很不情愿，要么干脆拒绝。他认为凭自己的能力可以在竞争当中占有一席之地，结果却事与愿违。领导看到他热衷于孤军奋战，自然不敢托付更大的责任。

在企业中，也有像刘老师一样的管理者，他们对于自己的能力过于自信，认为拥有这些就拥有了晋升的资本和法宝。能力固然重要，可是，作为领导来说，帮助团队成功更重要。

首先，从领导的愿望来看，让更多的人成为骨干，为企业创造更多的价值是他们的心愿。因此，领导赋予管理者的职能就是要他们不仅自己要成为组织的骨干，而且还要培养一批和他们一样，甚至比他们更能干的骨干，这样才可以大大提高企业的竞争力。如果管理者不懂得这一点，自然就封闭了自己上升的空间。

其实，孔子早就告诉我们，每个人要实现自己的愿望，首先需要先帮助别人实现愿望。同样，管理者们要完成自己职场生涯的跨越，也需要先帮助下属有所发展。因为在现代公司里，没有人能够独自创造出整个团队的利益。

如果仅凭借自己优异的业务技能而拒绝合作，总想孤军奋战搏出一片自己的天地，根本就是不可能的。这种合作不仅是和其他部门合作，也包括和自己的下属合作。如果老板们看到有些管理者只求竞争不讲合作，也会直接阻断他们在职场生涯中的发展。

因此，无论竞争何等激烈，我们都要在竞争中保持一颗合作的心。让团队的每个人都成为骨干，让团队成功，自己得到提升的概率才会大大增加。否则，即使自己竭尽所能，也未必能为企业创造多少价值。

当然，重视合作并非意味着就不讲竞争，公平合理的竞争什么时候都需要，竞争与合作，是每个职场中人都必须面临的共同课题。我们唯有学会在合作中竞争，在竞争中合作，才能互相取长补短，互相提高，最终实现团队与个人的双赢。

时刻小心被人当"枪"使

自己坦荡无私不能保证他人也坦荡，自己正直不能保证他人也正直。也许正因为自己坦荡正直，光明磊落，才不会想到防备"暗箭"的袭击。

唐朝的李林甫是个心机深沉的人。他为了取得皇上的信任，不惜用诡计。一天，他对丞相李适之说："听说华山有金矿，您可以向皇上汇报此事。"忠诚老实的李适之就把此事汇报给皇上。皇上一听很高兴，就询问当时分管物产的李林甫。谁知李林甫这样对皇上说："此事是我分内之事，之所以没有向皇上做汇报，是因为华山为吾皇龙脉所在，恐开采有碍万代基业，故没有上奏。"皇上一听为之感动，"遂重之"。

李林甫就是把李适之当枪用了。结果一石二鸟，既陷害了丞相李适之，又标榜了自己。不久，皇上认为李林甫"忠诚干练，为能士之才"，用之为丞相。

虽说职场不是官场，可职场也是小社会，什么类型的人都有。同事中也有这样的人，当面一套，背后一套。他们之所以这样做，一方面是因为他们本身有这样的性格缺陷，另一方面是因为同事之间有利益冲突。但是凭他们自身的实力又竞争不过对方，因此就会采取放暗箭、设陷阱等方式来陷害他们。

如果有些管理者没能及时地识别出他们的用意，误以为同事之间要互相信任，那么，一旦这些管理者和他们的利益发生冲突时，他们就会做出有利于自己的选择，而置友谊于不顾。因此，提防自己被当"枪"使需要有一颗防人之心。

再者，对这类人也不可全掏一片心。凡是他们要求的都答应，凡是他们说的都听信，就会把自己置于被动不利的位置。

任何时候都不能口无遮拦，想说什么就说什么。有些话甚至一点口风都不能透露。比如，有时候同事之间或许会流传一些小道消息，例如某某要升职了，某某要被开除了，或者公司的一些项目投资决策事宜等。

如果自己知道这些消息，千万不要因为同事的热情招待，两杯酒下肚后就把消息和盘托出，毕竟事情还没有真正发生。再者，自己透露的这些信息，"不怀好意"的同事或许会马上告诉老板。一旦让老板知道自己提前透露消息，会认为自己保密意识不强，不可担当大事。

对于像李林甫之类善于伪装的同事更不能盲目轻信。这类人在潜意识里已经把比自己优秀的同事当成了对手。这种人平时跟人谈笑风生，亲密无间，暗地里可以迅速变脸，或造谣惑众，或暗箭伤人。对于他们更要敬而远之。

虽然团队中要和睦相处，开放自我是必要的，但应把握好度，不要被人利用，要有一颗防人之心。另外，还要适度还击，让不怀好意者不敢轻举妄动。这样不仅可以保护自己的利益免受损失，还可以避免部门的利益受损失。

忽略沟通不会换位思考

在和他人进行沟通的过程中，很多人都倾向于从自以为是推理出发判断他人的言行，这就是自我意识的表现。结果，自己出于好意的一番举动，反而可能会给别人带来莫大的困扰。

一位生物学家想实地观察一下幼龟是怎样进入大海的，于是他来到南太平洋的加拉巴哥岛。那里，一般四五月间，小海龟会离巢而出，争先恐后爬向大海。

一天，有几个结伴旅行的游人也来到这里。他们发现在一处大龟巢中，有一只幼龟率先把头探出巢穴，似乎在侦察外面是否安全。突然，一只鹰袭来，用尖嘴啄住小海龟的头。看到小海龟就要成为鹰的食物，其中一位旅行者抱起小海龟。

生物学家还没来得及阻止，他就把小海龟引向了大海。顿时，成群的幼龟从巢口鱼贯而出。原来，那只小海龟是龟群的"侦察兵"。现在做侦察的幼龟被引向大海，巢中的幼龟也争先恐后地爬向大海。

沙滩上无遮无挡，很快引来许多食肉鸟。顷刻之间，数十只幼龟已成了鹰、海鸥的口中之物。看着数十只食肉鸟饱餐一顿，发出欢快的叫声，旅行者都低垂着头。

旅行者好心办错事就是他们自以为是，没有和生物学家沟通，更不了解海龟的习性。

有些管理者也是一样，在和他人的沟通中有强烈的自我意识。在工作中有强烈的自我意识可以使自己迅速果断地作出决定，然而在沟通中，如果自我意识过于强烈，就会造成一意孤行，无法达到沟通的目的。

有一次，拿破仑的一名私人秘书身染重病离职休息，他需要临时招募一名秘书。最终，经过激烈竞争后，陆军部一位先生被选中。可是，没过多久，这位先生就垂头丧气地回来了。为什么呢？

原来，他来到拿破仑的办公室后，拿破仑示意他坐在椅子上，然后就自顾自地说了一些含混不清的词语。这位先生不知拿破仑在嘟哝什么，以为与自己无关也没在意。

不料，半小时后，拿破仑突然走到他身边说："自己，把我刚才所说的内容重复一遍。"这位先生顿时张口结舌。拿破仑见状暴跳如雷。可怜这位先生秘书的椅子还没有坐热，就被拿破仑的叫骂吓破了胆，此后一连五天卧床不起。

秘书之所以惹得拿破仑动怒，就是因为他从自己的主观意识出发来考虑问题。

遗憾的是，在实际工作中每个企业都存在一些这样的管理者，他们要么置领导的意图于不顾；要么自己理解的与领导的本意相去甚远。这样一相情愿来揣测领导的下属，连领导说的什么都弄不明白，又如何能和领导沟通到位？如何能做好领导分配的工作？

沟通不是单方面的，既然是与他人沟通，就要耐心地倾听对方的意见，就要学会换位思考，站在他人的立场和角度思考他人是要说明什么观点。

一天，公司策划部的小麦兴冲冲地来找到主管，兴奋地把自己加班加点花费了一周时间设计出来的家装图纸拿给管理者，兴致勃勃地说："您看，我改变了设计的传统思路。这种手绘图案采取流线型设计，既时尚又简约，给人一种感官上的享受。这次客户肯定会满意……"

可是，不等小麦说完，主管就不耐烦地收起设计图纸说："事情并不像你想象的那样简单啊！"小麦感到莫名其妙。

原来，主管早已为小麦贴上了"不踏实""爱出风头"的标签。一看到小麦，心里就嘀咕："瞧，他又来了！又来表现自己，浪费我的时间。"在这种思维的影响下，他当然听不进去下属的话。

结果，第二天，小麦辞职了。

后来，小麦将这个设计方案带到了竞争对手那里，竟然引发了一股家装手绘的热潮，给小麦原来的公司带来了不小的冲击。小麦部门的同事都埋怨主管没有眼光。后来，高层领导知道了，也对这位主管的用人能力有所怀疑。

每个员工的性格不同，表达自己思想感情的方式也会不同，如果管理者不明白这一点，总是站在自己的立场，用自己主观的思维模式来看待员工，就谈不上沟通顺畅。

其实，不论在和上司还是下属的沟通中，管理者都要学会换位思考，站在对方的角度去考虑问题。在和下属的沟通中，管理者更需要试着体谅和理解下属，深入了解下属的苦衷。因为下属是被领导者，他们在领导面前不会像上司那样直接表达自己的意见，即便对管理者不满也会暂时掩饰自己的情绪，甚至放弃沟通。如果管理者忽略了这一点，还沉浸在主观臆断、有先见之明的自得其乐中，那么很难和员工有良好的沟通。

失去一个员工，也许管理者认为无所谓。可是这正表明管理者在沟通方面有缺陷，是不称职的。如果不加以改进，也许会失去更多的员工。因此，这种自以为是的管理者，一定要撇开自己的偏见，试着站在上司或者下属的角度去看待问题，倾听上司和下属对自己的意见和评判，这也许可以提醒自己突破自我意识，重视沟通技巧。

第六章　如何管理你的团队

只有培养好企业内的每个员工，才能增强团队的战斗力，而且有了团队的成功，才有管理者自己的成功。因此，管理者们要关注每个员工的成长。发挥传帮带作用，把自己的知识、技能，毫无保留地传授给员工。这样才能获得下属的尊重和敬佩，这样才能帮助每个员工完成自身的超越。帮助下属提升人的成长与进步，除了自身素质和主观努力之外，处在良好的环境中，并得到领导及组织的正确培养，也是个重要因素。

在企业管理中，管理者就是教练的角色。教练的主要职责就是培养出优秀的人才。因此，管理者们在管理下属的同时，还应承担起培训下属、帮助下属成长的责任。既要为团队设定奋斗目标，也要为每个人设定努力的方向和目标，并且还要对他们进行一定的帮助和指导，为他们开拓一个广阔的发展空间。这样的管理者才算负起了应该承担的责任。

给员工自由发挥的空间

管理就是激励和组织人员围绕组织目标去实现的过程。设置适当的目标，可以激发人的动机，调动人的积极性。因此称为"目标激励"。目标激励就是给下属不断挑战的空间，促使其更加发奋努力，发挥自己的优势，争取作出更多的贡献。

目标激励对下属来说是一种鞭策。因为有些员工在工作中做出一些成绩，受到表扬后往往会沾沾自喜，从而放松对自己的要求。还有些员工甚至会居功自傲，他们感到自己做得已经不错，应该歇歇了。因此，对他们提出带有挑战性的新目标是为了让他们看到自己的不足，帮助他们戒骄戒躁，发扬优点，克服缺点，重新鼓起斗志，不断攀登新的台阶。

另外，还有一种员工有巨大的潜能可挖。他们做出的成就尽管受到了表扬，也许他们认为自己的能力只发挥了十之六七，因此对这样的员工更需要给他们设定新目标，激励他们把自己的聪明才智全部发挥出来。否则，他们认为领导低估了自己的能力。

至于那些业绩平平的员工，更需要在先进员工的帮助和带动下提升自己的能力。

其实，不论是出于何种原因，管理者都需要在一定时期根据不同员工的表现为他们设立新的目标。因为员工们需要不断发展，不断提升。就像日本一位企业家所说，如果自己给下属

80%的工作，他的能力会退步，如果自己给下属100%的工作，他的能力会停步不前。但如果自己给下属120%的工作，会使他的能力有突破性的进展。因此，给下属不断挑战的空间，这也是激发团队活力的好方法。

目标在心理学上通常称为"诱因"，即能够满足人的需要的外在因素。一般来讲，个体将目标看得越重要，实现的概率越大。因此，设定的目标要切实可行，把完成目标与个体的切身利益要密切挂钩。

不论是出于何种原因对下属提出新目标，都需要这个目标是他们跳起来能够得着的。既然是跳起来，那躺着不行，坐着不行，站着也不行，只有奋力一跃才能实现，这就是对员工能力的挑战。故目标要具有一定的挑战性。

总目标可使人感到工作有方向，但达到总目标有个复杂的过程，因此可把总目标分成若干个阶段性目标。阶段性目标可使人感知目标的可行性和合理性。这样在实现阶段性目标的过程中就可以慢慢接近总目标。

目标要具有可操作性。如果目标太高、太遥远，跳起来还是够不着，会直接打击他们的自信心，下属就会失去追求的动力。因此，目标激励要给员工提供适度挑战性的工作，让员工觉得每天都可以学到很多新东西，以此来磨炼他们的工作能力，并让他们在逐步的成功中获得成就感，进而实现个人的事业目标。

给下属不断挑战的空间并不意味着管理者放手不管，让下属独自去应战。既然工作对下属来说具有一定的挑战性，就不可避免地会遇到各种各样的困难，就需要使用各种资源，也许还需要其他部门的配合。

该用什么态度去管理员工

如今以人为本的概念已深入到企业管理者的心里了，他们认为员工是企业最重要的资源。但还有些管理者认为下属像一部机器，开动它的时候，要它什么时候停就什么时候停，绝对没有一点商量的余地。

有这种思想的管理者，不能得到下属的爱戴，另一方面，如果下属长期处于紧张状态，对于工作质素及效率均无好处。人好像一部机器，但他们却忽略了机器也需要休息的原理。机器不能在室温不适当的环境下操作，机器亦需要加油，更需要在适当的时间停下来，否则机件过热，影响操作。如果上述的管理者人如机器的话，就更要懂得在适当的时候，让员工得到休息。一个团队最失败之处，就是忽略了人性的生理法则。

人和机器的区别在于：人有感情、自尊等精神因素，而机器则没有；所以那些把下属当做机器一样管理，使用的领导已注定了失败！而只有以人为本，才是最妥善的管理方式。

作为领导，有时让下属加班工作是迫不得已的，但不能经常为之；然而有的领导则不然，有事没事都喜欢在下班前叮嘱一句要加班的话，一句话把下属的兴头全打没了。而加班的效果，其实一点也不好。偶然一次加班，可以刺激下属的工作效率，但长期的加班，就会打击他们的情绪，并不值得鼓励。

长期需要下属加班，只有显示出人手的不足。加班只属短期权宜之计，不能长期如此。经常加班，由于太晚下班，回家后处理私人问题，往往弄得凌晨时分；延迟睡觉，造成睡眠不足。睡眠不足，使精神较难集中，以致影响翌日的工作情绪，效率和质素自然下降。这时增加人手，比要雇员经常加班更实际，且更能增加下属的土气。

有的管理者喜欢显示自己的权力，是一般管理者所犯的毛病。他们以为有权要下属在任何时候工作，只要不超越办公时间即可。他们却不知道，临时交托的命令，会阻碍下属的正常作息时间。作为领导，切记不要总是让下属加班，也不要在下班前给下属布置工作。

我们经常会看到一项公司内部的明文规定：工作期间不允许聊天。老一代的管理者喜欢禁止员工聊天，原因是那时的工业仍属雏形。工厂少、员工多、工人地位低，也造成管理者级的专横态度。他们禁止工人在工作时间互相交谈，以为这样可使他们集中精神工作，增加生产效率。这是旧一套的管理法，在今天来说，已是非常落伍的。

下属在上班或工作时间聊天会影响效率，但是，假若所有下属上班时间一声不吭埋头工作，那也未免太压抑、太死气沉沉了，这对工作效率同样也有负面影响！人类靠语言表达心中的感情，是最直接的。如果每天在某一段时间内禁止雇员交谈，对他们的工作根本没有好处。除了他们互相之间难建立起紧密合作的精神外，工作上的误会也在所难免。

　　员工工作有困难，向同事们说上几句，也是减压的方法之一。当然，光喜聊天而忽略了工作的人，会成为公司中的冗员，且大大影响公司的运作。为了使下属懂得自律的法则，以身作则是最重要的。所谓身教重于言教，平日偶然跟下属聊几句，聪明的下属一定会明白的。

　　事实证明，上班时间允许下属片刻的聊天不但不会降低工作效率，反而会增长工作效率，并且使整个办公室或车间的气氛要活泼的多。允许下属在上班时间片刻的聊天，是一种有效的笼络手段。

　　如今，国内企业普遍实行的是八小时工作制。有的企业规定，员工晚到一分钟或早退一分钟就要罚款多少，这也未免太苛刻了。明智的管理者，应为员工制订非繁忙时间的上班时间，除了避免遇到交通堵塞的情况外，也同样收高效率工作之效。事事替下属着想，这种人情管理方式与制度管理方式的两者结合才是最好的管理方式。

激发员工的自信心

　　每一位新、老员工都会在工作中遇到一定的困难。当下属在工作中遇到了困难需要管理者帮助时，正确的办法应该是树立他们的自信心，让他们相信自己完全有解决问题的能力。这样才是管理者对下属负责的态度，才是帮助下属成长的正确方法。

"我相信自己"胜过千言万语

在工作中，管理者经常会遇到这样的情况：工作经验不足的新员工对自己不自信，或者性格懦弱的下属工作中遇到了困难，茫然之中向自己求助。此时，自己又该如何做呢？

直接告诉他们解决对策吗？这种做法可以快速解除难题，但仔细想一想，这种帮助的方式并不正确，长此以往会扼杀他们的自我解决问题的能力。

一天，从财贸学校刚毕业不久的安迪被安排做一份市场部的开支预算计划。接到这项任务，她有些忐忑不安。她工作才刚满三个月啊！何况从来没有人引导自己做过这些。但是她又不能拒绝，因此硬着头皮应承下来。

几天后，她心惊胆战地拿着自己做的财务预算来到管理者面前，很犹豫地说："我做的预算计划不知道是否妥当，因为从来没有独立做过。如果您感觉哪里不妥，就指出来，我把预算书拿回去重改一下。"

没想到管理者告诉她说："完全没这个必要。我认为自己的计划很可行，并且我相信自己有执行这个计划的能力。我看好自己！千万别让这个锻炼自己的好时机错过了啊！"

"哇！"从管理者的房间出来后，安迪眼睛发亮，脚步也异常轻松，她有一种想飞起来的感觉。她很庆幸自己遇到了这么好的管理者。虽然她知道，自己的计划并不是十全十美的。可是管理者的鼓励让她感觉自己完全有可能做得更好。

在员工遇到困难或者对自己不自信时，打气还是泄气对他们工作态度的影响是很关键的。有些管理者看到员工在困难面前垂头丧气时总会训斥他们"没出息，废物一个！自己怎么搞的，技术真差，自己看就像自己这样吗？"越是这样，员工越对自己没有信心。以后遇到困难也不敢面对了，结果，他们内心把自己看扁了。

而懂得激励员工、帮助他们树立自信心的管理者就会像安迪的管理者那样向员工表示充分的信任，对他们的工作大胆肯定，果断地重用他们。"不错！下次一定要再加把劲做得更好！"就是这份信任，这份鼓励，极大地增强了员工战胜困难的信心，减轻了他们的心理负担，那么，工作任务自然能够更加顺利地完成，以后的业绩也会不断上升。

"只要自己有信心，那就去做吧。"一句"我相信自己"的话胜过千言万语。员工受到鼓舞会干劲倍增，热情倍增。也许他们完成工作的方式会别具一格，最终取得的效果会出奇的好。

在团队中有一些这样的下属，明明他们很有工作能力，可是或多或少的自卑感总像魔鬼一样缠绕着他们，让他们不敢相信自己，从而导致工作效率低下。对于这种性格懦弱、不自信的员工，管理者可以通过他们以往的成功案例来鼓励他们。

通过语言向下属直接表达信任，固然是不错的方式，但言语过后更需要相应的行为来配合。基于此，管理者在向下属表达信任时，不要为了一定要达到某种效果而盲目开口，在之后的行动中也要保证与当初的言论一致。

当员工确实需要指导时，要不失时机地给予他们指导和帮助，或者让在这方面有工作经验的员工帮助他们。假若管理者不能给出明确的解决办法，必定会增加下属对困难的恐惧感，更加使他们感觉束手无策。这时管理者一定要帮助下属树立战胜困难的信心和决心。

另外，互帮互助也是建立互信的关键。在相互信任的氛围中，员工们对自己也会充满信心。因为在那些不自信的员工看来，如果管理者不相信自己、同事不相信自己确实有发展的潜力，他们也不会帮助自己。

所以，及时给那些对自己信心不足的员工以帮助，也是帮助他们建立自信心的好办法，这会让他们明白"自信者人助之"的道理。

善于使用情感激励

在现代以人为中心的社会里，单纯的授权与奖惩的模式被越来越多的人抛弃，关心人才、爱护人才、珍惜人才、尊重人才的模式受到越来越多的管理者的青睐。

这种激励看起来很容易做到，其实不然。有些管理者把情感激励仅仅表现为口头上的嘘寒问暖，或者把一些不冷不暖的关心随便施予部属。这样的关心只会让人感到虚情假意，无法起到激励作用。

人具有丰富复杂的情感世界，感情因素对人的工作积极性和创造性有很大的影响。因此，通过感情沟通，以心交心也可以增强归属心理、激励下属。管理者的关心和体贴无疑会令下属温暖。中国古代激励思想以仁义、群体为中心，这种方式更容易激发成员的工作的积极性、主动性和创造性。

一个关心下属的管理者必须积极接触下属，了解他们的工作状况，倾听他们的困难，用自己的实际行动表现出对人才的尊重和爱护，让下属感到这是朴素、实在、真诚、珍贵的感情。

就像现代人都习惯庆祝生日。因此，聪明的管理者会不失时机地表达自己对下属的关心和问候。比如，发奖金、买蛋糕甚至送束花等。如果有时间和员工共进晚餐，乘兴说上几句赞扬和助兴的话，更能起到锦上添花的作用。家庭幸福和睦、生活无忧无疑是下属干好工作的保障。如果一个下属家里出了事情，或者生活方面遇到困难，领导却视而不见，那么他就会热情骤减。因此，关心下属的家庭和生活也是情感激励的表现。

有一个新搬到北京开发区的公司，由于职员和领导大部分都是从外地来的，而且又远离家乡，因此该公司领导很注意让他们享受家庭般的温暖。了解到职工们吃饭很不方便，领导者就自办了一个小食堂，解决了职工的后顾之忧。在住宿上也为他们安排了三室两厅的单元楼，让他们感受到家的气息。如果职工们不想吃公司的小食堂时，可以随时自己做饭。

领导为员工这样贴心地着想，员工能不感激领导的爱护和关心吗？因此，他们都"死心塌地"地在这个驻外公司安定下来。由此可见，情感能够凝聚人心。特别是在现代企业，随着物质生活水平的提高，人们也更注重精神关怀，因此，管理者应该更加注重"以人为本"的情感激励方式。

　　情感激励不但可以满足上下级之间相互交流情感的需要，更重要的是可以让员工感受到领导对自己的关心和重视，使团队成员备受鼓舞，进而使整个组织团结起来。有这样的向心力，管理者工作起来就会感到无比轻松。

　　在职场中，领导在某种程度上左右着员工的成长。现实生活中，那些做出一番事业的成功人士无不深谙做下属的学问，从而博得了领导的好感，因此领导才重用和提拔他们。可是那些不懂得被领导的原则和艺术的人即使才高八斗，也可能不被重用，甚至还遭到排挤。

　　因此，要想从众人中脱颖而出，必须懂得做下属的原则，掌握一些被领导的艺术。既不做只顾埋头拉车的黄牛，也不做错位、越位、傲视领导的独行侠。而要懂得和领导步调一致，关键时刻要为领导分忧解难，替领导补台。

　　当然，遇到品行不佳的领导，也不能盲目追随，要懂得保护自己。如此，既保护了自己的利益，也保护了部门员工的利益。

让更多优秀员工脱颖而出

　　大家都知道，企业发展离不开那些忠诚敬业、敢于负责、绩效卓著的优秀员工。领导的威力和影响力人所共知。"一头绵羊带领一群狮子，敌不过一头狮子带领一群绵羊"，就是对优秀领导者的最高评价。

在部门员工中，管理者就担当着雄狮的角色。但是他的职责不是带领绵羊般的员工去征战，而是要把他们都培养成能征善战的雄狮。成为优秀员工是每个员工都向往的，也是领导们所希望的。那么，优秀员工与普通员工相比有什么不同呢？

这就像 NBA 优秀球员与普通球员的差别一样，他们在比赛场上有超强的组织能力、应变能力和技术风格，因此才受到球队的青睐，受到广大球迷的追捧。同时，也为他们自己带来了丰厚的物质荣誉双丰收。

那么，怎样才能成为这样的优秀员工呢？答案是领导者的精心培养和重用提升。

领导一个人有能力不等于所有员工都有能力，领导一个人成功并不代表团队都能取得成功。可是，很多企业中，有些管理者只忙于自己向上攀登，却没有及时帮助员工，结果就无法形成一个上下齐心、同心同德的团队。

而那些优秀的管理者则不同，他们明白，对一个企业来说，一个高绩效的团队，必须是所有个体充分发挥主动性和创造性的最佳组合。他们的宗旨就是让员工和自己一同成功。因此，他们都高度重视员工能力的建设和培养。

在工作中，他们会积极发挥自己的榜样作用，为团队培养出更多像自己一样甚至超越自己的优秀员工。世界电扇大王王育佑就是在老板的引领下一步步成长壮大，进而攀登到老板阶层的。

王育佑中学毕业后经别人介绍，进了一家电器贸易行任职。他工作积极用心，一年中能力不断提高。老板见他精明能干，便有意识地锻炼和培养他，经常派他出门去收取旧账，并告诉他一些收账的技巧。收账遇到碰壁后，老板就会和他一起分析应对的办法。王育佑从老板那里学到了不少知识，以后他果然没有让老板失望，收回了不少旧账。

老板看到他能力有长进，便更加有意识地栽培他，又让他管理财务。王育佑抓住这次难得的机会，没多久，就熟悉了财务方面的知识。

在以后几年的职业生涯中，老板又有意识地让王育佑接触经营方面的各项业务。就这样，王育佑通过接触更多不同的行业，积累了丰富的工作经验，也结交了不少朋友，这些都为他后来成为电扇大王打下了良好的基础。

后来，在谈到自己的成功时，王育佑对老板的感激之情溢于言表。他说："是老板给我提供了锻炼的机会。没有老板当时的帮助，我是不可能取得如此大的成就的。"

的确，在员工的成长过程中，管理者起着很重要的作用。那些优秀的管理者们为了培养优秀员工也会像王育佑的老板一样付出很大心血，给下属一个更高的平台，让他们充分施展自己的聪明才智。

为了做大做强企业，使企业和自己双赢，让每个员工成为优秀员工，让优秀员工脱颖而出，他们会通过自己的领导魅力去感染员工的工作态度，促使那些工作不到位的员工自觉改进工作作风；他们会通过创造一个集思广益的团队激励员工工作热情，从而提高工作效率。

员工们也会在好领导的带领下，齐心协力，珍惜每一次锻炼的机会，千方百计地创造佳绩，而且他们中的有些人还会不断超越自己，完成从优秀向卓越的跨越。

最为可贵的是，在这些优秀员工榜样的影响下，其他员工也会受到感染，一起积极投入工作中。最终，所有员工的优秀表现为公司带来了更多的效益，促进了公司的发展。

由此可见，员工和企业及领导都是共生共荣的，只有互相搭台、高度团结、优势互补，才能组合成卓尔不群的效能执行力，才能共同起飞。企业发展才能具有永不枯竭的动力。

管理者在向上攀登的同时，不要忘记帮助员工成长，和他们互相搭台，共同起飞。让更多的优秀员工脱颖而出，让更多员工都成为雄狮！

第七章　哪些习惯利于工作

　　我们能够发现，做事情十分熟练的员工，必然都是那些在职场上有着良好工作习惯的人，通常这类员工都是部门中的管理者与某一项目的中流砥柱，是团队内部的精英。

　　管理者在工作中培养起来的良好习惯，对整个团队的工作效率和办公环境氛围的营造都有着重要的决定性作用，所以养成良好的工作习惯势在必行，管理者要在规范自己的同时，带领团队成员在工作中规范行为方式，端正工作态度来提高工作效率，形成一种和谐的工作氛围，促进集体形象和整体效益的提升。

养成综合分析的好习惯

要想正确决策，离不开正确的分析判断。分析判断和决策一样都是人的思维活动，它不是建立在数学和逻辑基础之上的，而是建立在人的感情、理念和经验的基础上的。既然是建立在自己的感情和经验的基础上，有些时候，就难免会发生一些错误的或者以偏概全的分析判断，那样就无法保证决策的正确性了。

当美国卡特里娜飓风来袭时，负责监测灾情的准将马修·布罗德里克还是按照他过去的经验来判断，他认为早期的信息都是不准确的。因此没有及时汇报早期收到的溃堤信息，造成了救援迟缓。由此可见，要保证自己的正确决策就需要对所接触的事物进行综合分析判断，不能仅凭自己看到的一点或者听到的一点就匆忙下结论。

在日常工作中，管理者也经常需要对一些事物做出分析、判断和决策。正确的决策是艺术和科学的结合。一个善于决策的领导者往往在碰到问题时首先会思考：这是本质问题所表现出来的表面症状，还是一次偶发性事件？他们会把一些看起来不相关的事物联系起来进行系统思考。那些拥有正确的综合判断力的领导，不仅会给所在的单位带来财富，也会给一个国家、一个民族带来巨大的财富。

在中国历史上，具备这种综合分析判断能力的人不在少数，

三分管人 七分做人

李泌就是其中之一。李泌是中唐时期的大谋略家。他不但受到唐玄宗的赏识，在肃宗、代宗和德宗三朝中，许多政治事件都出自他的正确决策。他之所以能决策正确，就是因为他看问题能够仔细鉴别、综合判断，故向皇上进言具有很强的说服力。

李泌的综合分析能力仅从他帮助唐德宗摆平家事中就可以看出。

一次，唐德宗告诉李泌这样一件事：有大臣告发太子詹事李升带刀进入郜国公主府中。郜国公主是太子的丈母娘。太子的丈母娘与人私通，皇上的颜面不是都丢尽了吗？于是为正视听，唐德宗把公主囚禁于宫中。这还没完，勃然大怒的皇帝居然迁怒于太子。

德宗被这些乱七八糟的家事所烦，于是把李泌召来征求意见，谁知，李泌听完这些分析道："郜国公主都这么老了，而李升还这么年轻，这一大一小两个男女有私情怎么可能？"他进一步分析说，"我想一定有其他不可告人的目的。以臣之见，这是有人想动摇太子的地位。"李泌一针见血地指出。

当德宗将信将疑时，李泌追问这事是谁抖搂出来的。德宗当然不会告诉他。可是，李泌说："臣猜，这一定是大臣张延赏讲的！"

德宗惊奇了："人家都说宰相料事如神，看来什么事情都瞒不过自己呀。"

李泌又说道："我还知道，这位张延赏和李升的父亲不和。现在李升受到陛下的赏识，他一定不甘心，要设陷阱进行陷害！"

听到这里，唐德宗有些迁怒张延赏了。他向李泌求教应该怎么办。李泌提出让李升担任别的官职，不在宫中值夜班就没人嚼舌头了。多日来缠绕德宗的家事顷刻解决了。

本来，按照德宗的分析事情是很复杂的。首先是郜国公主人品有问题；其次是李升，冒天下之大不韪；再次是太子，没有管教好李升。而李升带刀进入郜国公主府中又说明了什么？难道仅仅是简单的奸情案吗？明明是他们以情感交友为名笼络朝中政坛人士，为太子搜罗党羽。这样一分析，一件"桃色事件"就会变成政治事件。德宗能不废掉太子吗？

幸好李泌明察秋毫，经过综合分析，做出了正确的判断，才避免了一场政治危机。因为皇帝家事也是生死攸关的帝国大事。这件事情真相大白后，太子曾找到李泌说他当时因为感到无颜见父亲，已经做好了服毒自杀的准备。如果是那样的话，张延赏可谓一箭三雕了。可见，李泌及时的明察是多么重要。

在企业的经营管理中，管理者们也会遇到一些看起来扯不断理还乱的麻烦事，甚至令人感到无从下手。此时，不可偏听偏信，意气用事，要对所掌握的信息进行综合分析。这样才能分辨真伪，做出正确的决策。

提高综合分析判断力，就要提高远视力、洞察力、分析力、应变力等。

远视力是一种对未来的预测力，是领导者综合事实、希望、梦想以及危险等而预测出企业发展的未来。这需要对企业及其环境深入的了解。

洞察力要求领导具有先见性，做到对当事人的动机了解透彻。这需要从各种角度去观察，能迫使管理者抓住问题的核心，能敏锐地觉察出内部和外部环境的变化，而非只看表象。缺乏洞察力的管理者，会只见树或只见林，抓不住问题的根本，因此无法拟订出有效的解决方法。

分析力要求领导者以综合的见解来平衡判断的差距。分析力要求领导者做到：面临困难的问题时能深思熟虑，做出适当的判断。要具有分析力，管理者必须经常走出办公室到生产、销售一线去了解一手资料，了解市场上遇到了什么困难？是员工的问题还是命令本身有问题？另外，还要建立更多的信息通道，小型企业的市场信息日报表，中等规模企业的信息平台和专业信息岗位的设置等。通过这些途径也可以掌握更多的信息。根据多方信息的反馈，加上领导的专业分析，下一步的市场或管理方案就产生了。

应变力能事先推测如何应对未来发生的事件，而不是被动地等企业遇到突发事件时才想到解决。

总之，虽然很多东西，总也无法完全掌握，无论思考多细致，布置多周密，总有想不透的一环，总有意外在等着自己。但综合判断力强，决策的正确率就会提高。如果管理者能够明确地判断，清晰地作出战略选择，就会避免很多决策的失误。

一双善于发现人才的眼睛

想找到人才，不能坐等人才上门，而要在工作中主动发现人才、引进人才。在企业的岗位配置中，有些人虽然具有金子般的潜能，可是由于缺乏机遇，身不由己，终究未能像金子那样发光的大有人在。

管理者的责任就在于要独具慧眼，发现人才，要让金子早发光。在使用人才方面，许多人都抱有这样一种观念：是金子总会发光的。意思是说，只要一个人先表现出来，他人就会认识到自己的价值。

要让金子早发光，做管理者的心中就要有大器早成的观念。因为在许多人的观念中都遵循老子"大器晚成"的观念，他们认为"伟大的器物需要晚些才能制成"。固然，在道德修养等方面成为圣人也许要等到老年，饱经风霜，通明事理、看淡一切后才能成为圣人。可是，在某些领域、某些方面要展现自己的才能不一定要等到人生的晚秋。

自古英雄出少年，古代历史上有甘罗十二为卿相的事例，现代生活中也有少年发明家、少年作家等，在体育界，12 岁，格特鲁德·埃德成为女子 800 米自由泳最年轻的世界纪录创造者；15 岁，鲍比·费希尔获得"最年轻的国际象棋大师"称号；……这一切都可以证明"大器"亦可"早成"。今天的世界已经是一个瞬息万变、分秒必争的时代，如若还有人死守着"大器晚成"不放，那注定只有"老大独伤悲"的份儿了。

从每个人的职业生涯来说，也都有自己年龄和才华上的黄金期，不可能在每个阶段都发光。虽然企业中随时都需要人才，可是对每位员工来说，错过了这个黄金阶段，金子也会暗淡，利剑也会锈蚀。

而企业用人，错过一时很可能失去一个英才；晚用一人，也可能影响一代人的成长。正是因为机会难得，人的青春年华失去就不会再来，做领导的更需要及时发现人才、使用人才，避免埋没金子，以使具有金子潜质的年轻人才在大好的年华能够展现自己。

武丁是殷商中期的君主，商朝在他的统治下，达到了鼎盛期。这是他与贤相傅说联手创造的佳绩。根据出土的甲骨文、典籍等记载，武丁重用傅说为相，傅说职权非常之大，居于众臣之首。傅说不仅能代表商王发布军事和政治命令，指挥贵族，讨伐别族，主持祭祀和籍田。可是，有谁知道，傅说曾经是一名苦役犯。是武丁慧眼独具，发现了他的闪光之处。

武丁即位后知道官员的重要，非常善于选拔贤才来担任官职。一次，他到虞山视察，看到一群苦役犯在筑城墙。可是其中一个人气宇不凡，于是就放下身段去接近他。当傅说谈到"要想治理好天下，就要任命贤人当官兴利除弊，让百姓安居乐业"一番话时，令武丁大惊。他没有想到这个人虽出身卑微，但十分聪慧，对国家大事颇有见解，傅说侃侃而谈，武丁一一记在心里，于是就萌发了任用傅说的念头。傅说也实现了从奴隶到宰相的华丽转身。

可以说，武王发现傅说是先从形象和言谈上认可了他。因为凡是人才总有与众不同的远大志向，这些都会从他的神态和行为中表现出来。

傅说担任宰相后果然不负众望。他极富文韬武略，从王室开刀，整治腐败，大力推行新政；他还积极与周边各国修好关系，严惩那些敢于进犯的小国，朝廷内外秩序井然。终于，国家富强起来，国势再度复兴。

让金子发光关键在于用其能。只有用其能，才能让这些人才有发展的空间，从而散发出金子的光芒。因此发现他们金子般的潜质后就要大胆启用，为他们提供与其才能相适应的职位和岗位，让他们充分发挥自己的才智。

在工作中充满激情

作为管理者，谁都希望自己的企业中充满有活力的员工，身体健康强壮，精力充沛，情绪稳定。可是，在我们的身边，时常看见一些缺乏活力的员工，他们情绪低沉，委靡不振，懒散而没有干劲。大多数企业中高层管理者都被员工失去活力深深困扰着。而要激发员工的活力就离不开激励。

管理者的重要工作之一就是凝聚人心，激发员工工作的热情，督促他们发挥才能，最大限度地释放潜能。没有激情助人，不能成为企业领导者。因此，管理者仅仅是自身充满激情还不够，还要懂得把自己的激情传递给员工，能抓住一切可以利用的场合调动员工的激情。这样才能打造出活力团队，让他们在工作中做出最大的成绩。这是很多成功的经营管理者共同的特征。

激励员工首先需要管理者自己充满热情和激情。管理者有激情，员工才能有热情。因为在一个组织中，管理者的状态对整个团队有着很大的影响。如果管理者是一位比较沉闷的人，那么再活泼的员工也会小心翼翼，甚至会不自觉地"模仿"领导；如果管理者热情洋溢，充满激情，那么下属工作起来也会充满激情和热情，形成自己追我赶、积极向上而又快乐轻松的工作氛围。因为，榜样的力量是无穷的，管理者个人的举止其实就是下属模仿的对象，是无声的命令。

纵观国际各大知名公司，很多优秀管理者对待工作都有一种令人仰慕的激情和热情，如我们熟知的微软的比尔·盖茨和鲍尔默。他们不仅对工作十分投入，而且演讲时也是激情澎湃，仿佛可以"点燃"每一个人的热情。

在互联网上，曾有这样一段视频录像广为流传：在一个充满震耳欲聋的音乐声的讲台上，一位身材高大、头顶微秃的男人在挥舞着手臂，并不时有节奏地大声喊着。随着他的高喊，台下的人们就像追星族一样激动，掌声、尖叫声汇成一片。

但是，台下的人工不是观众，而是员工，他们这么激动，是在追逐自己的明星经理——大名鼎鼎的鲍尔默。只见鲍尔默在讲台上，充满激情地喊道："我要送给自己们一句话！"

"我爱这家公司！"

"Yes，yes，yesl"全场又一次沸腾起来。

面对此情此景，一位在微软供职的年轻人无限感慨地说："我被鲍尔默调动得热血沸腾，如果让我去微软撞南墙，我都会毫不犹豫。"

这就是鲍尔默激情的感染力。在微软公司里，鲍尔默的确是一个充满力量与激情的领导者。他不仅充满对微软的激情，对工作的激情，而且还要把自己的激情传递给所有的员工。他曾经说过："我要让所有的人和我一起分享微软的产品和服务的激情。我想让所有的员工分享我对微软的激情。"

微软的成功固然有很多因素，而管理者善于调动员工的激情，把自己的激情传递给员工也是其中的关键。因为一个组织若想成功，需要组织中的每一个人都富有激情。员工能力再高，如果没有工作的热情和积极性，他们的才能也发挥不出来。

不是每个员工都能够做到主动自发地热爱工作，即便是发自内心的热爱，长期面对同一种工作，同一个岗位，也难免会产生枯燥和腻烦的感觉。员工充满激情和热情，团队就充满活力。这样的团队更有利于员工工作、生活质量的提高。同时，活力团队还可以感染那些心态消极的员工，促使那些工作绩效低、因循守旧的员工转变观念，带动他们向上攀登。

活力团队可以最大限度地调动员工的积极性。当企业需要解决复杂的问题时，就可以从群体的共同努力中获得高于管理者个人智力的群体智力。这是取之不尽、用之不竭的智慧源泉。对团队实施恰当的激励可以激发团队成员中所蕴藏的巨大能量，能够更好地完成团队所承担的任务。活力团队是产生新思想、新方法的土壤。

激情能唤起责任，能成就梦想，能创造奇迹。有激情才有超前思维，才有过人胆略。领导有激情，能带动下属的激情，带动团队的激情。因此，充满热情的管理者们，把自己的活力带给下属，用自己的激情打造一个活力团队吧。这是上司期盼的，也是众望所归。因为团队合作才是企业不断发展的推动力。

掌握恰当的批评方式

批评作为一门语言艺术，有许多技巧。掌握了这些技巧性的语言就可以合理地运用批评这个工具达到教育人的目的了。

批评，是一件令人十分难为情的事情，不但被批评者在那种特定的氛围之中多少有些难堪，就是担负批评任务的领导也会感到尴尬。因为批评的对象是和自己朝夕相处的员工，因此更加难以开口，不知道应该用什么言辞来表达才好。正因为如此，批评可以称得上是语言学问之上的学问、艺术之中的艺术。

虽然是批评，但要考虑谈话的气氛，应避免面谈气氛过于严肃。批评人的方法是多样的。由于发生错误的情况不同，错误的程度不同，每个人的性格脾气不同，故需要采取不同的批评方式。如果过于严肃的面谈，下属就会受这种气氛的影响，有所戒备未必会把自己的错误和盘托出，再加上心里紧张也不利于其充分认识错误。

要以朋友交流或者会客的方式来接待犯错误的下属，平等沟通。那样他们不会有被"审问"的感觉，可以把自己内心的真实想法告知，这样管理者才能明白他们犯错误的真正原因。坦诚布公地交流，更有利于解决问题。

管理者情急之下的训斥往往会让员工觉得丈二和尚摸不着

头脑。管理者自己的愤怒情绪发泄了，但对解决问题是一点帮助也没有的。下属往往不明白自己做错了什么，什么地方做错了，甚至还会以为领导是因为心情不好而拿自己出气，认识不到自己的错误。

因此，批评员工可以直接告诉他们问题出在哪里，正确的方式是什么，这样才能达到帮助他们认识错误、改正错误的目的。管理者对于部属的训诫，不应该只是想到他们工作失误给公司造成了多少损失，更应该考虑到如何通过批评让他们认识错误、改正错误，以利于其自身的成长，这才是对员工的关爱。如果在批评中让部属感受到这种爱，即便是批评他们也会痛快接受，并且还会感谢这种关爱。

通过正面的批评来直截了当地指出下属的错误并纠正，对于性格开朗、豪爽的人来说比较适合。他们喜欢直来直去，不喜欢拐弯抹角。

但是在批评他们之后，还要找出适当的理由对他们的某些优点给予适当的鼓励，表示自己对他们的欣赏。这样他们就不会计较因为批评带来的不快。如果能够帮助他们指出改进的方法，他们还会心存感激。

而女性员工和性格内向的人，对于他们可以采取暗示式批评，让他们自己去领会。就如有位管理者的助手十分勤快。本来管理者正在集中精力看一份重要的文件，助手却三番五次来关照，不是问是否需要茶水，就是抹桌子整理报纸等，不让他有片刻的清闲。考虑到她是女性，脸皮薄，管理者不好意思制止她，因此就向对面办公室看了看，告诉她："自己看王秘书，安安静静的。我觉得这样挺好!"

一番话说得女助手猛然醒悟，之后在领导专心办公时她就不去打扰了。

这种批评的方式既没有过分暴露自己的不满，又使下属认识到自己的错误，可谓"一箭双雕"。

管理者不论是对何种性格的人，批评都应该本着对事不对人的原则。既然是对事进行批评，就应该用事实来说话。摆出员工工作不到位的事实，比如"自己这个月的任务没有按时完成，按照有关纪律应该……"或者"一些数据不精确、具体措施不够详细"等，要围绕问题展开讨论。这种批评用事实来说话，比较有针对性和说服力。

大多数员工对批评都会产生一种逆反心理。如果是因为管理者自身的失误引起而只批评员工，他们更会产生抵触情绪。如果确实问题与自己有关，我们可以先对自己进行自我批评，之后再批评员工。

大多数领导在批评下属时，往往都把重点放在指出下属"错"的地方，批评一通之后并没有告诉下属如何做才算对。这样批评也很难服众。因为下属没有看到自己的高明之处，他们会想"自己也不比我们高明多少，凭什么批评我们?"要帮助下属找到改进的措施，要让下属明白他们应该怎样改进。这样下属才会心悦诚服地接受批评，并积极主动地去改正错误。

批评要因人而异。对于那些自制力强的下属，发现他们的缺点时只需直接指出就行了，批评得太严厉会伤他们的自尊心；而对于那些自制力较差的人，如果还是含蓄暗示无异于

"对牛弹琴"。对于后一类人批评的力度可以大一些，措辞可以严厉一些，并且采取监督措施。这样的方式才有效果。

最后还有一点需要切记，批评不只是为了批，也是评价下属工作的一种形式。既然是评，就要针对不同的人、不同的改进错误的效果进行评论。这样做也能够检验批评的方式是否恰当，批评是否起作用了。

总之，只有针对不同性格的员工、不同的错误程度采取灵活的批评方法，才会收到事半功倍的效果。

从侧面点醒员工

正如列宁所言："幽默是一种优美的、健康的品质。"有时采取幽默的点醒方法，可以让下属在微笑中接受自己的错误，同时也可以加强和谐的人际关系。有时候，在批评中用一些模糊语言，也可以收到好的效果。比如"个别"、"有的"、"也有的"等。这样，既照顾了对方面子，又指出了问题，说话具有某种弹性，比直接点名批评效果更好。

直言直语的批评方式实不可取，因为大多人都愿意接受委婉的批评方式。这种方式会让他们感到自己有台阶可下。有时候，批评员工也可以委婉的告诫他们。员工都是成年人，何况他们有些人自制力很强。对于他们无意中犯的错误，可以用委婉的语言来提醒他们，没必要直截了当训斥一番。

大多数员工对自己所犯的较大的错误都有一种懊悔的心

理。此时，管理者需要做到的就不仅是简单的批评，还要给对方一些安慰。应一方面指出下属的错误，另一方面对他们表示一定的认可，给犯错误者以一定的心理安慰。

然而，安慰也应该有个限度，绝不可以给对方留下只安慰、不批评的印象，这也无助于对方改正错误。在批评一个人的时候，使对方觉得自己比别人更重要，由此产生自惭自责自励的心理。

提到批评，许多人想到的就是训斥。其实，还有一种批评就是用恳请式的语言达到批评对方的目的。公司内有的员工难免会把东西乱放，管理者们常常会训斥他们："别把东西乱放!"这样，对方的反应往往会是："吓唬谁? 我想怎样放就怎样放，别以为自己是管理者我就得事事听自己的!"这就是逆反心理的表现。

此时，如果换一种说法，"请把东西摆放整齐些，好吗?"

管理者竟然用这种语气和我说话?"员工的心中会一阵惊喜，听了以后会马上收拾好乱七八糟的物品。这就是恳请式的批评，由于维护了对方的自尊，被批评者会心悦诚服地接受批评。

批评人不一定都要声色俱厉，被批评的人也不一定都会垂头丧气。只要懂得运用批评的语言技巧，只要是从关心和爱护员工的角度出发，即便是批评也会让人心悦诚服地接受，从而化解一些冲突和误会。

在众多的批评方式中，背后批评也是一种值得借鉴的方式。特别是对于那种能力强、知名度高而又特爱面子的员工来说，此种批评方式最为妥当。在企业管理中，管理者在批评下属时，也可以使用尽量不在公共场合进行批评这一原则。可以私下点明问题，帮助员工认识错误，即使自己的语言再严厉，也没有别人看到听到，对方也容易接受。

另外，背后批评员工时，要对他所犯的错误进行客观分析，找出原因。如果是自身坏习惯引起，绝不可以姑息迁就；如果是客观环境使然、资源受限引起，就应当告诉他们正确的解决办法，必要时帮他们一把。切不可对他们的错误吹毛求疵甚至曝光，这就不仅使他们的形象受到影响，也扩大了矛盾。

总之，背后批评他人也要使对方感到自己是出于关心爱护他们的目的，而不是故意挑刺儿。那样，对方会感激自己，在以后的工作中会用更有力的行动表现自己的优秀。这样才达到了说服员工、促使员工成长的目的。

就事论事点到为止

大多数员工都是有自尊的。他们都是怀着愉快的心情来上班的，来到单位并不是为了接受批评的。即使他们做出了诸如迟到这样的事情恐怕也不是有意为之。如果他们不想干就会辞职，犯不上用这种方式消极怠工。

如果管理者只是以管理者自居，居高临下地教训一通，那么丝毫不会起到批评的积极作用。通过对下属吆五喝六，领导的威信也无法树立起来，只会让员工对自己满怀怨愤。这种批评方式也体现了管理者没有掌握领导的艺术。

有些管理者为了显示自己的领导权威，在批评别人时不注意方法，总是新账旧账一起算，不把对方批得体无完肤、垂头丧气不罢休。就如同某公司的一位员工经常迟到，上司如果当面对他讲："自己怎么搞的，一个星期迟到了三次。看看全公司的人哪一个像自己这样。自己如果不想干就早点卷铺盖走人，上星期早退我还没跟自己算账呢。"结果，员工本来想改掉自己的毛病，却因为管理者一顿"狂轰滥炸"，不给自己一点机会，干脆就破罐破摔了。

如果批评员工是用这种方式，怎能起到教育员工的作用？也许有些管理者认为，这样批评不是以重拳出击来警示员工吗？如果只蜻蜓点水式的批评能达到目的吗？

在批评员工时，要考虑到他们的自尊心，语气要委婉和蔼，不要使用过分刺耳的字眼。比如"自己真糊涂！这件事明明自己错了还不承认！"用这种教训的语气来批评是没人愿意接受的。此时，假如管理者换一种方式说："我想自己肯定也知道迟到是不对的。如果自己能改变自己，相信很快自己就能发现准时上班后完成一天的工作会多么轻松。"这样的说法，相信员工更愿意接受。

批评应该点到为止，我们都知道"话多了不甜"。即使表扬赞美的话说多了人们也会感到虚情假意，批评他人的话更不是"多多益善"，因此批评教育的话越少越好。即能用一两句话把对方错误的地方指出来，让他们警觉以后改正就可以了。

没必要喋喋不休，翻来覆去地说个不停，这样只会让人厌烦，产生反感。

现实生活中，有些人批评人时，为了证明自己的观点是正确的，喜欢翻陈年旧账，把对方过去的错误及不足之处一股脑地翻出来，事实上，这样做往往会令对方难以接受甚至恼羞成怒，最终导致双方不欢而散。

曾经的错误只能代表对方的过去，而时过境迁还抓住对方的小辫子不放就是一种心胸狭隘的表现，也不符合用发展的观点看待人的唯物主义观点。如果曾经的错误或过失是一个人信心的伤痛和巨大的遗憾，那么揭开他人伤疤不仅是对人不尊重的表现，而且很容易招致对方的怨恨。如果那样的话，对方会认为自己是有意责难，对自己的批评会产生抵触情绪。因此，在批评他人时，应该尽量避免翻老账。

既然是点到为止，就不必大张旗鼓，让对方公开亮相，弄得全公司的人都知道，可以采取比较含蓄的方式，不点名批评，以保全对方的面子。管理者在批评下属时不要太心急，试图立竿见影。其实，点到为止，就要为对方留下思考的空间，让他们反思一下管理者批评得对不对。这种方式也是尊重他们的表现，下属比较容易接受。

教育员工也需要讲究方法。既然是为了帮助人，那么，管理者对员工的错误给予提醒即可，反复纠缠于其错误，不仅于事无补，而且也会起反作用。

树立自己的威信

中国有句古语叫"无规矩，不成方圆"，对于企业来讲，要想更好、更快地做强做大，就必须走公司化、流程化、规范化、制度化的道路，就必须通过各种规章制度的执行，来确保企业健康、稳定、长期地发展。

管理者的威信是部门员工对其品德、知识、才能和工作的客观评价，尽管表面上这些非权力因素没有合法权利所赋予的那种正式的、明显的约束力，但在实际工作中，它们不仅具有权力的性质，而且往往能起到合法权利所不能起到的感化作用。

聪明的领导者在意自己的权力，但他们懂得权力有时候只是摆设，一般是很少使用的，他们懂得运用非权力的因素来赢得名声。他们知道，有好名声才有好威信，才能做到有效控权。

要树立自己的威信需要用权力和非权力的因素，立威最直接而有效的方法就是借助权力的作用。俗话说："有权不用，过期作废。"领导既然赋予自己管理者的权力就是要自己运用的。如果不懂得运用手中的权力来管理员工，就是失职。如果不懂得运用手中的权力，命令就不会有人服从。

管理者要树立自己的威信千万不要忘记借用上司赋予自己的权力——这把重要的尚方宝剑。运用权力因素要防止的一个误区就是滥用权力，动辄训斥、批评、呵责员工，以显示自己的领导身份。

管理者要树立自己的威信除了运用权力的因素外，还可以运用非权力的因素。因为管理者虽然掌握着一定的权力，但权力并不是利剑。凡是把权力当成利剑，动不动就想显示一下这把剑的威力的人，其结果只能是吓住一两个人，却镇不住一大片人。

而且依靠手中的权力所形成的威信对员工的心理及行为的影响毕竟是短暂的。如果管理者本身没有令人信服的能力和品德，是无法从根本上树立自身威信的。品德是决定管理者威信高低的根本因素。如果管理者品德高尚、正直公道、言行一致、以身作则、平易近人，就能形成一种无形的、巨大的道德力量。员工就会产生敬佩之情，进而去模仿。

才能是决定其威信高低的重要因素，才能不仅仅反映在管理者能否胜任自己的工作上，更重要的是反映在带领员工工作的过程中能否卓有成效。如果管理者有德无才或德高才低，缺乏魄力，工作平庸，也无法得到员工的认可。

感情是人对客观事物和人好恶倾向的内在心理反应。如果员工从感情上认可管理者，对他就会服从；如果员工从内心深处就不认可，即便管理者再有才能也无法服众。因此，感情也是影响威信的一方面。

知识是才能的基础和前提，只有具备一定的素质和知识才能开拓工作新局面。管理者不仅需要专业知识和专业能力，还需要知识面广、博学多才，与不同层次和水平的员工都能沟通无碍，及时解决他们中出现的问题。

在工作中管理者要注意和员工建立一定的感情，尊重他们、理解他们、关心他们，缩短彼此的心理距离；解决好他们思想、心理、成才诸方面出现的新情况、新问题。与员工关系融洽，影响力往往就比较大，威信就比较高，这样员工的行为才会朝着管理者期望的方向积极健康发展。

树立自己的威信需要运用权力和非权力的因素，两者缺一不可。如果管理者能够表现这两方面的优点，就可以赢得员工的信赖和佩服。而威信当然离不开威，虽然有威严并不等于有威信，可是没有威严也谈不上有威信。

有些管理者在和员工朝夕相处的过程中产生了一定的感情，因此在员工犯错误时总是千方百计为员工开脱。如果要他们处罚员工更是抹不开情面，因为他们心太软。担心如果按章办事，员工会流失。

于是便出现了老好人式的管理者，他们谁都不得罪，上下充好人。其实，这只是一相情愿。员工犯错误必然会使部门和企业的利益受到影响。管理者不惩罚，怎么向老板交代？如果听之任之，一些规章制度就会流于形式。而且对于犯错误的员工也没有起到教育作用，纵容和默认的结果只能让其进步不得。

管理者是保障规章制度执行的人，如果管理者到处"和稀泥"，处事不公，其他员工也会像顽皮和淘气的孩子一样不会再把他放在眼里。如此一来，管理者的威信何在？企业又怎能规范化运行？因此，那些深谙管理之道的管理者都明白要树立自己的威信就离不开严格、严厉，甚至严惩，以此显示自己威严不可侵犯的一面。

英国的一家大公司日常工作报销的费用开支很大，于是总经理聘请了一位面孔冷酷、资历很深的会计师，并告诉所有员工："他是公司专门请来审核所有的报销费用账簿的，直接对我负责，任何被他揭发报假账的员工都必须开除。"

结果，会计师冷酷无情的面孔镇住了部门管理者。每天早晨，管理者们都会把一大摞各部门的费用账簿摆在会计师的办公桌上。到了晚上，又把这些账簿拿走。在会计师到任的一个月内，奇迹出现了，公司费用开支降低到原来的80%。

其实，这位被请来的会计师根本未曾翻阅过那些账簿，他只是利用自己威严的形象把人们镇住了。要表示自己的威严既可以用形象也可以用行为。令出必行，要下属无条件服从就是威严的表现。商场如战场，管理者作为部门的指挥官也要做到军令如山，令出必行，要敢于向不服从的员工"开刀"，这样才能显示出自己的威严来。

"上司要建立起威严，才能让部属谨慎做事。当然，平常还应以温和、商讨的方式引导部属自动自发地做事。"当部属犯错误的时候，立即给予严厉的纠正，绝不敷衍了事。

这样可以让部属敬服，而以温和的方式引导他们认识错误，帮助他们改正错误，引导他们走向正确的路子，部属就会感到领导是真心关心自己，内心深处就会萌发出感激之情，从而更加热爱和尊敬他们。这样，管理者的威信就树立起来了。

第八章　什么样的性格对工作有益

　　管理者作为领导层，当下属在工作中出现错误或者违反一些规章制度时，难免要对他们提出批评。虽然管理者的目的是通过批评帮助员工认识错误，改正错误，可是批评他人却是费力不讨好的。因为很少有人会心甘情愿接受批评，而且方式不当也达不到效果，还会使员工反感。

　　鉴于这种情况，管理者们更需要掌握一定的批评艺术，巧妙运用批评的方式，以增强执行力，达到批评教育员工、帮助他们成长的目的。

养成善于倾听的好习惯

有效的倾听并不是一种与生俱来的本领，而是在实践中锻炼出来的。如果自己遵循上述各项建议，并确实设身处地为对方着想，专心听别人说话，自己的沟通实践就成功了一半。沟通不是自说自话，沟通的第一步就是听。如果不善听，就会带来沟通上的失误。因此，懂得听且听得懂，才能谈得上有效沟通。

职场上，管理者更要重视倾听。如果不懂得倾听，就听不清楚领导交办的事项，就无法条理清晰地将工作安排下去；不懂得倾听同级之间的意见，合作就容易产生间隙；若不懂倾听下属的想法，就无法很好地接受下属回传的信息，自身或团队的行动就无法协调一致。因此，在沟通中要善于倾听。只有通过倾听，自己才能知道对方的真实意图，才能让对方真正接受自己的意见。只有学会倾听，才能拉近自己与员工之间的距离。

一般来说，成熟的领导者都非常重视倾听的作用。玫琳凯曾在《玫琳凯谈人的管理》一书中谈及倾听的重要性时这样写道："我认为不能听取下属的意见，是管理人员最大的疏忽。"玫琳凯的企业之所以能够迅速发展为拥有众多美容顾问的化妆品公司，其成功秘诀之一就是她十分重视"倾听"员工的意见。这一点，玫琳凯女士不仅严格要求自己做到，并且要求所有的管理者都铭记并且落实。

谈到听，很多人认为听是一种被动的行为，其实，听者对于交谈的投入绝不亚于谈者，善听是积极的行为。上级领导要下属去对一个生产车间进行调研。因为这个车间浪费严重，因此需要弄清楚状况，查清楚问题。那些善于听的管理者就能从领导的布置中想到领导需要的是改善的方案和意见。

因此，他们会进行细致的分析研究，在一份完整的调查报告后附上自己的看法和建议。千万不要认为那样做是越俎代庖，那正是领导所希望的。想一下，领导的职责是什么？解决问题。如果他们只是需要调查真实情况，拿一架相机拍下来不就可以了吗？同样，管理者也是领导，如果不能针对问题提出改革和加强管理的意见和建议，无论自己进行了多么细致的调查，情况摸得多清楚，问题查得多准确，上级领导都不会满意，甚至会认为自己的主动性太差。

善听不仅需要带上自己的耳朵，更重要的是要带上自己的大脑，需要有超前思维。千万不能把领导布置的任务当成新闻一样如实报道给听众，而不加任何评论。至于传达领导命令时更需要正确领会领导意图，准确无误地传达。此时更需要善听。因为领导交代任务，往往就是简单的几句话，有时可能让人摸不着头脑。如果自己对领导意图似懂非懂，便想当然去办事，结果事办完后很可能与领导的要求南辕北辙。此时，更需要用心去听，用脑去思考，结合目前的工作实际做出正确的判断。

对下属也需要用心去听。有些管理者在和员工沟通时往往不等员工说完就摆手或者埋头处理自己的工作，这些肢体语言会让员工感到上级并不尊重自己的意见。因为现实生活中有这样的情况：听者不在意对方说的话，虽然装着在听，其实在考虑其他毫无关联的事情，只是在敷衍着听，等着对方快点说完。这样只会让说者反感。因此，在和下属的沟通中更要注意专心、专注，不要让他们对自己产生误会。

我们不论是在和上司还是下属沟通中，都要表现出很愿意听的神态。高效率的倾听者清楚自己的个人喜好和态度，因此才会专注地听，不因外在事物而分神，也不因内在状态而分神。这样可以避免几个不良习惯，如挑剔存疑的眼神、不屑一听的表情、坐立不安的模样、插嘴等。

要时刻有耐心，按捺住自己表达自己的欲望，鼓励对方尽情表达出来。因为把自己的想法说出来并不是目的，管理者真正的目的是使下属接受自己的观点，让下属与自己针对某个问题达成共识。只有首先获知下属的想法，管理者才会使自己的说法更有针对性。

适时地对下属的话进行反馈。这表明自己正在认真倾听，是对下属最大的尊重，能够与下属这样沟通的上司会极大地调动下属的积极性，甚至激发出一些有价值的"火花"。将对方的讲话重点记录下来，从中找到有益的观点和建议等。在说话者的信息中寻找感兴趣的部分，这是获取新的有用信息的途径。这种做法在对上司和下属沟通时都可以使用。

反复分析对方在说什么。设法把听到的内容，和自己联系在一起，判断有无言外之意。这一点通常用于和上司沟通时。

多听少说，可以适时发问但不可妄下断语。要让对方把话全部说完，再下结论。好的倾听者不急于做出判断，而是能够设身处地看待事物。

当下属意识到自己的谈话对象是一个倾听者时，他们会开诚布公地给出建议，分享情感。这就有助于管理者和员工共同创造性地解决问题，使信息分享对组织产生正面的影响。

大声呵斥是无能的表现

每个人都是有自尊的，没有谁生来愿意接受别人的指责与批评。因此，即使自己的下属犯了错误也不应该责骂他，而要把握好批评的分寸和尺度，以正确的态度与方式加以对待。

有些基层管理者文化水平不高，再加上恨铁不成钢，在下属犯错误时就会粗声大嗓地训斥一通，他们认为这样就可以达到批评的目的。虽然员工做错事批评是必要的，但是批评绝对不是粗暴的言语加上恶劣的攻击。

如果对于下属的错误，领导态度蛮横，不容下属解释，这种生硬武断的作风绝对无法让下属心服口服。因为他们丝毫感觉不到领导的批评是出于关爱自己，因而在工作上就会表现得被动而缺乏热情，从而影响工作效率。这种结果对管理者来说又有何意义呢？

不要毫无道理地训斥下属，当一些紧急的情况突然出现，会令自己和部属都措手不及，或者是一些意外事故和人为错误的产生，容易使人在瞬间失去理智。自己很可能一下子把怒火全都发泄在部属们身上。

对于管理者来说，这种行为无异于自我毁灭。请记住，无论发生任何情况，都要保持冷静的头脑，对于既成的事实，不需要马上追查责任，而是应该立即研究对策。等到最危急的时刻过去，再进一步弄清事实，调查事故真正起因。

有一天拿破仑巡夜的时候发现一名正在打盹的哨兵，拿破仑的脾气下属都是知道的，侍卫官都在担心这名哨兵的命运。可令大家没有想到的是，拿破仑并没有命令士兵把这个哨兵拉去枪毙，而是上前去把哨兵手上的枪悄悄接过来，亲自替这个哨兵站岗。

当哨兵醒来发现拿破仑居然站在寒风中替自己站岗时，吓得几乎说不出话来。这时拿破仑却一反常态，温和地说："孩子，我知道自己很累，但是我们国家现在正处在生死存亡的关头，自己的行为极有可能造成不可估量的损失。我希望自己能认识到这一点，下一次我绝不会饶恕自己。"哨兵感动得声泪俱下。

有时候，在工作中下属出现失误可能是他本人一时疏忽大意造成的，也可能是不可抗拒的外力所致，如这位哨兵站岗睡觉就是因为他太累了，连续作战让他的体力严重透支。在这种情况下，如果拿破仑还批评他，就无法服众。因此，他采取了先关怀后批评的方式，寓批评于关怀之中。士兵怎能不感受到拿破仑的大度、宽容和关心呢？

在企业管理中，管理者风格的不同往往会带来不同的管理方法，有暴雨疾风式激烈的批评，也有和风细雨式委婉的批评。

在教育界，提倡"和风细雨、润物无声"。其实，批评员工也需要掌握这种方式。它似雪落春泥，悄然人土，孕育和滋润着下属的心田，使他们幡然悔悟，这比起简单粗暴的批评效果好上百倍。

决策时当机立断

"当断不断，必受其乱。"犹豫不决只能误己，果断才可成事。一个成功的决策者，必须有决策的勇气和魄力，不但要有正确决策的能力和素质，而且要有执行的果断性，还要有敢于承担决策失败的勇气和魄力。

古往今来，成大事者都有一个共同点：处事果决，当机立断。如果决策时优柔寡断，以致时不再来，岂不悔之晚矣。特别是在企业的经营管理中，下属在面对危机或面临机遇时，总希望领导者能够迅速、果断地采取行动，以便带领他们扭转局面。因此，做一个敢于大胆决策的人，不仅是自己有魄力的表现，也是团队成员的愿望。

曾有一家跨国公司的管理人士用了几个月的时间，向老板说明该公司计划在全球范围内使用的一套信息技术系统不能兼容中文。另外，还有一家消费品公司的经理则把希望能缩小产品包装的提议递交给了上级等待批准。等到这个建议获得审批，时间已经过去了 5 个月，竞争对手早已推出了类似的小包装产品。

威廉·沃特说："如果一个人徘徊于两件事之间，对自己先做哪个犹豫不决，他将会一件事情都做不成。如果一个人原本做了决定，但听到自己朋友的反对意见时犹豫动摇、举棋不定，那么，这样的人肯定是性格软弱、没有主见的人，他在任何事情上都只能是一无所成，无论是举足轻重的大事还是微不足道的小事，概莫能外。"

的确，有的人虽然能力出众，却优柔寡断，在选择和机遇面前犹豫不定注定是人生的悲剧。犹豫不决的心理往往是在马上要行动的关键时刻出现，使人改变决策或回过头来重新思考。等到再一次确认原决策正确，应该实施的时候，外因或内因已经起了变化，所决策的内容不能再正常进行了。在很多情况下，不能信心百倍地坚持自己的决断都会造成巨大的损失。犹豫不决甚至比鲁莽更糟糕。

其实，对一个领导者来说，最坏的决定是迟迟不作决定。在企业管理中，有一个所谓 70% 的解决办法就是：当自己只有 70% 的把握，就要作出决定。尽管 70% 并不令人非常满意，但它有成功的希望，若自己不作出决定就完全不可能成功。因此，一事当前，管理者必须拍板，这种决策的时机稍纵即逝，考验着管理者的气魄和能力。

据《北齐书·文宣帝纪》记载，北朝东魏丞相高欢想试一试几个儿子的才智，于是给每人发了一把乱丝，要他们以最快的速度整理出来。别的孩子都把乱丝先一根根抽出来再理整齐，这样，进度就很慢。只有高洋找来一把刀，挥刀将一些纠缠不清的乱疙瘩斩去，因此最先整理好。

其父见状问他为什么用这种方法，高洋答曰："乱者必斩!"后来，在高欢的儿子中，只有高洋脱颖而出，成为北齐的文宣帝。

"快刀斩乱麻"主要是说做事干脆，抓住要害，很快地解决复杂的问题。越是处理错综复杂的问题，越需要大胆果断的行动，排除各种人为的干扰，坚定地走向既定的目标。因此，当我们在博弈中，遇到各种困难和危险时，不妨运用"快刀斩乱麻"的方法，果断处理，从而打开局面。

军事家在战斗中果敢明断常能把握战机；企业家在商战中果敢明断常能无往不利。

一家国外食品有限公司的中国区管理者莱斯在上海街头漫步时，突然被一个狭窄里弄里飘来的浓烈辛香味所吸引，进去一看原来是一个小摊贩正在嗞嗞作响的烤羊肉串上撒孜然粉。这个意外发现让莱斯产生了一个新点子：孜然味的鸡肉条。几周后，他的研发经理就拿出了一份新的食品配方，由营销团队开始组织消费者进行品尝。两个月后，他们这种新产品一炮打响。

新产品的快速上市既有赖于莱斯团队的通力合作，也离不开这位管理者的果断拍板。有些跨国公司的在华业务管理者尽管拥有这样的自主权，但是他们面对一些新情况、新问题、新创意却举棋不定，频频征求上级管理者的意见，即使是像调整包装这样的小事也是如此。当然，由于他们的犹豫不决，企业也失去了超越自己、超越竞争对手的大好时机。

我们知道，再英明正确的决策也要靠执行来验证其正确性。如果犹豫不决，就等于将决策束之高阁。那样的话，决策者们的心血岂不是付诸东流了。作为领导者，决策不执行，受损失的不仅是自己，损失更大的将是企业。

使一个人形成果断决策的个性，是生命成长中道德和训练方面最重要的工作。"管理者们，要让自己正确的决策发生效用，就果断地决策并执行吧。这不仅是自己决策力的证明，也是带领团队抓住有利时机实现跨越的机会！

管理者的人格魅力

管理者是员工的榜样和表率，在一定程度上也是企业形象的象征，因此，员工和老板们都希望他们充满阳光，充满热情，充满干劲和生机活力。

要塑造自己的人格魅力不能忽视心理素质、精神状态和健康的体魄这三方面。如果有些管理者在心理健康方面存在问题，就需要加以调整和改进。人格魅力离不开健全的人格，而健全的人格是一个人在其自然基础上和社会化过程中形成的独特、稳定的行为模式和心理特征的总和。

健康的心理素质、良好的精神状态、健康的体魄等。这些也是影响人格魅力的重要方面，对个体的成功有着不可替代的作用。健全的人格有利于成功，有缺陷的人格会阻碍发展。

有些管理者一旦遇到比自己能力强的下属时，通常都会感到一种无形的压力，如果发现下属中有人太逞能，他们就会提拔能力比自己低的而对比自己更有才华的人置之不理。这就是嫉妒心强，没有良好心理素质的表现。

有些女性管理者没有耐心，暴躁易怒。在这种情绪支配下对自己定位不明确，好高骛远，因此员工也始终有一种紧张的压抑感。这些也是缺乏良好心理素质的表现。

在精神状态方面，有些管理者不注意自己的形象，也会影响自己的人格魅力。比如，我们有时会听到员工议论："我们的头儿，一点不成熟"或者"整天一副睡不醒的样子，看起来像个病秧子一样，没有一点精神"。如果管理者给员工留下这样的印象，就是没有良好精神状态的表现。这样的人当然谈不上人格魅力。

虽然一个人的核心人格很难改变，但性格形成又具有"自动性"和"恒定性"，在一定范围内是可以调整的。因此，管理者要注意完善自我，塑造自己的健全人格。同时打造自己健康的心理素质。

打造自己健康的心理素质需要能时刻保持个性的完整和谐，并充分了解自己，对自己的能力做恰当的估计。同时让生活中的目标和理想切合实际，不好高骛远，能与他人保持良好的人际关系。具备从经验中学习和创新的能力与适度的情绪发泄与控制等。

这些好习惯有助于形成健康的心理素质。只有具有健康的心理素质，员工与其相处才不会感到无所适从，才会感到轻松自然，才能为员工打造比较合理的工作环境和空间。

不同的精神面貌对人格魅力也可以起到不同的作用。积极进取的精神状态可以激励员工；消极颓废的精神状态则会误导员工。如果管理者自己工作不积极，拖拖拉拉，团队的工作绩效就会变得很低。

因此管理者要时时刻刻注意自己的精神风貌，从外表形象到言行举止都要树立起精神饱满、积极进取的形象。有满腔热情才会有高度的事业心和责任感，才会奋发有为，敢于担当。作为管理者，不仅要做好自己的工作，还要用热情去感染、鼓舞和激励基层员工，带动整个团队一起努力。管理者有热情才会感染员工，员工才会有热爱工作的动力，才会树立更远大的发展目标，并不懈努力，孜孜以求。

管理者有激情，员工才有活力，才能充满创造力，才有超越，才有奇迹。生活中，人们都喜欢笑口常开的人而不喜欢板着面孔、面无表情的人。微笑能让人产生宽厚、谦和、平易近人的良好印象，产生心理上的相容性，缩短彼此的距离。既然如此，身为管理者就要懂得充分利用微笑这一武器传达热爱工作、热爱员工的热情。

如果在开始一天工作的早晨，自己微笑着向下属道一声：早上好！自己真挚的笑脸必将使他们感到温暖。当紧张地忙碌了一天下班时，自己微笑着说一声："辛苦了。"下属也会觉得自己是个体贴的人，对自己的好印象就在微笑中形成了。

另外，不论自己是男或女，对于初来乍到的人，应该主动跟对方握手，这也是表达自己热情的方式。而恰到好处的着装打扮。恰到好处的着装打扮也可以表现自己朝气蓬勃的精神状态，展示领导者的力量，给人一种明朗的感觉，使人产生一种愉悦的心境。因此，管理者们也要注意从这些方面表现自己的人格魅力。

身为管理者，必须注意在不同的工作环境和工作场合中根据自己的特定身份挑选几套合身的衣服。如果天天穿西装打领带，会让员工产生距离感；天天穿牛仔裤和球鞋，又会让员工认为自己太随意。而偶尔穿几次休闲服也可以增加亲切感。同时健康的体魄也是良好精神面貌的表现。虽然有些人的健康的体魄是先天遗传的，但是更多的人可以通过后天的锻炼来获得健康的体魄。

人格魅力指一个人在性格、气质、能力、道德品质等方面具有的能吸引人的力量。在今天的社会里如果一个人能受到别人的欢迎、接纳，实际上就具备了一定的人格魅力。优秀的管理者都懂得。他们之所以被上司看重，被员工拥护，就是因为他们自身有独特的人格魅力。

在企业发展的不同阶段，需要任用有不同人格魅力的管理者。在企业开拓阶段，管理者大刀阔斧，敢闯敢干，身先士卒并冲在最前面就能赢得员工的爱戴；在企业发展阶段，管理者有创新意识，能带领员工实现一个个新的跨越，就容易得到老板和员工的喜爱；在企业稳定阶段，管理者办事稳健，处事公平，就能凝聚人心；当企业达到一定规模以后，管理者关心员工的成长，自己能看淡荣辱，并且能大度地把舞台、荣誉和权力让给年轻人，这也是他们人格魅力的体现。正因为他们具有这些独特的人格魅力，因此才吸引着追随者和他们一道去披荆斩棘。

要做优秀管理者，就要在自身人格魅力方面修炼自己，打造出自己独特的职场魅力品牌，就可以熠熠闪光。

管理者要有宽宏的心胸

管理者作为领导者，对待同事，要表现得大度一些。如果自己大度一些，和同事关系就会更加融洽，就会在同事和领导的心目中留下好印象。

对待犯错误的下属，更要用一颗宽容的心来包容他们。因为人都有犯错误的时候，没有缺点的圣人根本就是不存在的。有些人的错误甚至只因"一念之差"而无法抵御外在环境的引诱。在这种情况下，如果管理者没有容人之量，很难形成一个能团结战斗的集体，也很难调动一切可以调动的积极因素。

要做一名合格的管理者，必须做到气量大、胸怀大，能爱人、容人、助人。这样才能顾全大局，才能处理好各方面的人际关系，赢得人们的信赖和拥戴。

拥有大气度，在于戒除妒忌、怨恨之心，对人能容忍、宽恕，不计得失。

王永庆在创业早期，曾经有一次一位合作伙伴向他借了几根金条，但是归还时却少还了一根。家人极力劝王永庆要回这根金条，可是他没有这样做，他说也许是人家生意忙疏忽了，不用担心，即便不归还也没什么。很长一段时间后，这个借钱的人想起来了拿着一根金条来还，王永庆说："如果自己急用可以先不还。"来人对王永庆的大度十分感动。就这样，王永庆大度的口碑传出去了，他的人格魅力也通过这件小事广为传播。很多人愿意和他成为合作伙伴。

大度的另一表现就是宽容。当同事和下属犯了一些非原则性的错误时能够原谅他们。这样也容易为自己赢得好的口碑。

小尚是财务科长，一次和老员工一起出差时，回来的路上老员工不慎把手提包丢失了，里面还有其他客户的一些催款收据。回到公司后，老员工向经理汇报完工作后很"明智"地先走了。可是小尚没有埋怨这位老员工，他将丢失收据手提包的责任承担了下来。

经理听后小尚的汇报后，得知细心的小尚保留了一份复印件后，顺手将身边客户送他的一只手提包给了小尚。小尚没有独享，转而送给了那位老员工。他深知，在这次工作中，如果没有老员工的帮助，肯定不能进展得这么顺利。而对于收据丢失的事情，小尚也没有再提。后来，老员工知道这一切后，对小尚的宽容他感到万分惭愧。

在后来的工作中，老员工对小尚不再横竖看不惯，而是开始主动协助小尚。其他同事也被小尚的人格魅力所折服。在大家的帮助下，小尚的业绩迅速提高，五年后，顺利地升为财务总监。就这样，小尚在宽容别人的同时，也为自己的发展铺平了道路。

不论是对于那些不公正的伤害，还是对于同事和下属的不违反大原则的错误，都可以更宽容地对待。如果能做到讨厌我的人我可以喜欢他；疏远我的人我可以亲近他；诋毁我的人我可以赞美他，轻视我的人我可以尊重他：伤害我的人我可以爱护他；背叛我的人我可以忠诚他；怀疑我的人我可以信任他……不仅能包容人，还能感化人；不仅能引导人，还能成就人。那么，在宽容别人的时候，也使自己获得更多。

不受情绪影响公正严明

作为管理者，不论高层还是中层，都要领会公正无私的内涵。因为员工心中有杆秤，不平则倾。虽然老板赋予了自己管理者的权力，可是权力的行使也要得到员工的拥护。只有在员工面前树立公正无私的形象，才能更好地树立威信，才能提升自己的感召力，赢得员工的拥护。这种归属和接受不是强制性的，而是由衷的、自觉的、心甘情愿的。

据一项相关调查表明：有 70% 以上的员工认为，一名称职的管理者应该坚持原则，是非分明公平公正。

有些管理者对这些不以为然，他们认为，威信就是人缘好，就是不得罪人，于是放弃原则，赏罚不公；或者任人唯亲；或者靠给某些有后台的员工小恩小惠取得暂时的支持。这绝不是树立威信的有益的方式。

要做到处事公平，必须专注于品格的修养，心存一个"正"字，做到思想纯正，没有私心；品行端正，不搞歪门邪道；处事公正，不分亲疏厚薄。特别在分配工作、处理事关下属切身利益的问题时，必须公平，那样名望就会建立起来。

明初，李善长任丞相令朱元璋很不满意，曾多次责备，并流露出起用刘基的意向。可是，刘基却对朱元璋说："更换丞相犹如更换房柱，必须用大木。像我这样的细木条如果被起用，房子顷刻就会倒塌。"

不久，李善长罢相，朱元璋准备以杨宪为相，于是又征求刘基的意见。因为杨宪与刘基过从甚密，朱元璋想这次刘基肯定会支持他。不料，刘基这次又持反对意见，理由是：杨宪这个人难以做到公平，以义理为评判是非的标准。朱元璋又问汪广洋如何？刘基说，"这个人器量狭小浅薄，比杨宪有过之而无不及。"朱元璋又问胡惟庸怎样，刘基说，"犹如一匹驾车的马，我担心他会把车驾翻了。"

最后，朱元璋想了想说："现在的丞相人选，实在没有人能超过自己的，还是自己来吧。"刘基还是拒绝。他说，"我这个人疾恶如仇，性情太刚，又缺乏处理繁杂事物的耐心，让我任丞相会有负皇帝的恩宠。"

后来，杨宪、汪广洋、胡惟庸都得到不同程度的重用，胡惟庸还任丞相8年，但都相继败亡了，正如刘基早年预言的那样。

刘基就是处事比较公正的人。他对别人的看法完全是从为国家着想的角度出发。他不但客观公正地评判他人，也公正地评判自己。令人向往的丞相职位他不是去夺去抢而是去让，这就是他处事公平的表现。

处事公正就要心中有他人，戒除自己过分膨胀的私欲私心，另外，还要严于律己，宽厚待人，做遵纪守法的人。处事公正还表现在管理者敢于拿自己的错误"开刀"。

中国有句成语叫做"克绍箕裘"。这句话的意思是说，篾匠的儿子用不着专门培训就会织簸箕，裁缝的儿子用不着专门培训就会缝制衣服。因为他们天天观察父母干活就渐渐学会了。

在企业中，管理者的行为对员工也可以起到潜移默化的作用。如果对自己的错误千方百计隐瞒推脱；对员工却小题大做，动辄训斥，揪住小辫子不放，也是处事不公的表现，这些做法也会影响员工的工作热情。

管理者要带好队伍，培育员工公平处事的品德和能力，自己必须做出表率。所以，管理者对于自身的错误也不能姑息迁就，要敢于曝光，这样才能教育其他犯错误的员工。处事公正还表现在于敢于维护大多数员工的利益，和错误行为作斗争。因为管理者在管理员工的过程中，也会遇到具有深厚背景的人。如果他们飞扬跋扈，不可一世，而管理者又置之不理，就会影响自己在员工心目中的形象。因此，要有为员工伸张正义的气魄和公心，这样才能赢得员工的爱戴和尊敬。

一个在私企做管理者的员工回忆说，当年自己从清洁工被提拔为生产管理者后，在厂里面引起了不小的轰动。可是，最不服管教的就是那些"皇亲国戚"。他们故意挑拨工人间的关系，影响团队的团结稳定。在这些人的影响下，整个生产部门都弥漫着消极散漫、得过且过的风气，结果造成了当时生产部门工作效率低下。要拿他们开刀必然会得罪很多人。虽然老板说会支持，但是也可能会迫于压力解雇自己。如果不处理他们，其他员工的工作热情就会受到影响，自己也无法树立起威信。

在种种情况下，这位打工仔秉着一颗公心，一心要把这些问题解决掉。终于，在一次部门大会上，他宣布了开除这些"皇亲国戚"的理由，没想到群情振奋，员工们激动地把他抬了起来！他们感到自己终于遇到了一位敢伸张正义的管理者。这使新管理者没有想到的，他看到了公平处事的力量，威信也马上树立起来了。结果，老板看到他在员工中如此有威信，没有开除他，反而提拔了他。因为维护了大多数人的利益也就维护了企业的利益，老板对此是求之不得的。只要能维护大多数人的利益，管理者一定要公平处理。

管理者要"赢得信任"、"赢得人格"，不是靠嘴上说一说，关键看怎么做。越是矛盾突出，越要坚持按章办事、公道正派，不能凭个人好恶来管理员工。因为上司重用自己就是为了让自己带出一支充满正气的队伍，这样才能有效地凝聚一批人才，推动团队建设跨越式发展。

管理者要有高情商

作为管理者，管理者的情绪会直接对团队产生影响。他们作为员工的激励者，使命之一便是鼓舞团队士气、增强下属工作的积极性。如果管理者自身已经失去了信心，又如何使下属为了公司而战？因此，管理者应谨记自己所处的位置和肩负的使命，要加强控制自我情绪的责任感。

长久以来，有一种传统的观念一直在束缚着我们的思想：那就是智商高的人一定会成功。但众多的实验和实例打破了高智商者必定成功的神话。其实，智商的高低与一个人的成就没有什么必然的联系。

身为管理者，既是领导者，又是被领导者，需要不断变换角色和位置。如果是初次做管理者的人，一定会对这个全新的角色感到压力很大。此时，如果无法把控自己的情绪，任其随意发泄，怎能有好人缘？怎能完善自己的人格魅力，从而起到凝聚人心的作用呢？

当管理者仅有高智商而情商低同样也是不能胜任的。做好管理者也需要高情商，情商，包括人们对自身情绪的知觉力、评估力、表达力、分析力、转换力、调节力等诸多方面。也就是能够对自身内在力量有较好的把握能力和描述。

情商高的人就有较好的自控能力，不会使下属因为自己莫名的情绪感到无所适从。而作为管理者，不可避免地都要碰到一些棘手问题。有些管理者由于畏惧这些困难，不但自己背负了巨大的心理压力，而且在下属面前也会说一些丧气话。这样就会让员工感到很沮丧。

可那些自控能力很强的管理者，他们总是充满自信，绝不轻易言败，即便是面对不可莫测的未来，即便是失败的概率大于成功，也绝不会在下属面前流露出悲观的情绪，相反却会乐观地安慰下属充满信心地去做最后的尝试。

在战场上，决定双方胜负的是什么？是武器吗？不，是士气，是人们心中必胜的信念和彻底摧毁敌方的意志。在战争中最后获胜的总是那些意志坚强的部队。因为胜利就是通过击碎敌方想胜利的意念而获得的。

实际上，公司就像一个战场，而管理者就是指挥作战的元帅，所以必须有坚强的意志力。因为管理者的意志力就是团队意志力的体现。只有管理者有坚强的意志力，团队成员才会充满必胜的信心，鼓舞斗志。情商高的管理者们面临大事头脑会很冷静，即便是走在钢丝上也能从容不迫、冷静地作出决定。

我们经常看到，在有些管理者身边围绕着一群爱戴他们的员工，尽管他们的能力并不十分出众，可是他们善于团结人，对人对事热情、热心。他们不但和员工们一起工作，甚至一起生活打闹，相处得十分随意和亲密。

员工们也感到他们可亲可爱。是因为他们富有亲和力。这也是高情商的表现。情商高才能凝聚人心，才能吸引大批的追随者，因为人们和他们在一起会感到快乐无比。

这些富有亲和力的管理者都特别细心体贴，他们时刻把员工的安危冷暖挂在心头。特别是在员工情绪变化、吵闹打架、批评处分、出差前后、工作变动、发生责任事故、发生不团结等情况，必与当事人谈话，了解他们的实际情况。

当员工遭遇天灾人祸、生病住院、精神不振、家庭纠纷、婚恋矛盾时，他们更会及时拜访，安抚他们的心理，不至于造成大的波动。正是由于他们的这种主动关心让员工感受到了温暖，为团队营造了和谐的氛围。

　　由此看来，情商能更好地反映个体的社会适应性，也是用来预测一个人能否取得职业成功的更有效的指标。而重视高情商并非忽视智商的作用，智商和情商并不是相互矛盾的。高情商者也可能具有高智商，低智商者也可能具有高情商，如能把两者很好地结合起来，必能获得成功。

第九章　还需要哪些方面的提升

　　我们作为领导者，领导员工不能仅靠自己的地位和权力。要让员工心服口服，甘心情愿做自己的追随者，需要自己具备一定的人格魅力。

　　人格魅力是一个人对其他人的影响力、吸引力和号召力。这是自身的性格、气质、、修养等各方面的综合表现。有人格魅力的领导者一定是成功的领导者。因为人格魅力比权威更容易激发人们内心的爱戴。因此，想成为一个真正的领导者，必须以自己的人格魅力去引导追随者。如果管理者自身缺乏人格魅力或者人格不佳，将难以吸引员工和凝聚人心，那他就起不到应有的管理作用。因此，我们绝对不可忽视打造自己的人格魅力。

热情要有度

同级之间的工作总是相互关联的，要很好地完成一项任务，没有相互之间的协同合作是不可能的。既然需要团结合作就需要热情互助。按理说，热情助人总是受欢迎的。帮助同事不仅是相互之间友好关系的表现，也是助人为乐的体现。但是，热情也要讲分寸，掌握好度，那样热情才能给人自然、舒服的感觉。如果过了这个度，让人感到不舒服，热情反而会变得多此一举，甚至弄巧成拙。

在单位里，虽然同级、同事之间需要合作，可是帮忙也要把握适当的"度"。当他人对工作陌生需要帮助时，应该提供及时的帮助。可是，当他们工作熟练后还"包办代替"，对方可能就不会领情了。

萧明在一家私企市场部做管理者的助手，他是从外地的企业应聘进来的，来到一个陌生的环境，面对不同的工作内容，很多工作不熟悉，管理起来也放不开。物流部管理者小李看在眼里，就主动提供了许多帮助。特别是在市场开拓方面，由于小李对路线和客户的仓储情况熟悉，给萧明节省很多时间。萧明心里非常感激。半年多过去了，萧明熟悉了本部门的业务，有了长足的进步，可是小李还经常在公开场合帮他做这做那，这让萧明感到很不自在，仿佛自己离开小李就无法独立工作一样。

一次，小李听说市场部要开发外地市场，热情地对萧明说："那个地方的地理环境我熟悉，有我帮助你，肯定不成问题。"市场部的员工听到小李这番话，都用怀疑的眼神看着萧明。此时，萧明冷冷地说："我自己能行。"小李对萧明这种态度很不满意，埋怨萧明是"狗咬吕洞宾，不识好人心。"

像小李这种过于热心的帮助方式就是不恰当的。明明萧明已经具备了独立工作的能力，小李还是"热情帮忙"，会让他人怀疑萧明的能力或认为小李是想通过这种行为来体现自身的优势或价值。因此，帮助同事一定要适可而止。对方自己可以解决的问题就不要去帮，或者对方不请自己帮忙也不要自告奋勇。否则，自己认为是热心，他人可能认为是乱插手。

需知，每个部门的领导都有自己的管辖范围，都有自己的明确分工。作为同级，如果经常插手别的管理者职权范围内的事，不但会令对方的自尊心受损，而且还会被对方看成是"夺权"的行为，对方自然会不满意。可见，同级之间在完成自己的本职工作后，在他人需要帮助时可以帮助他人，只是要掌握分寸和尺度，做到"点到为止"和"雪中送炭"，互助而不揽权，支持而不包办。这是对其他同事充分信任和尊重的表现。否则，乱插手的结果会招致同事不满。

某市政公司有位员工需要调动工作到北京，于是他一大早拿着调动通知函就来到经理办公室请他签字。不巧得很，经理没有来单位，直接到建设局开会去了。这位员工已经买好了下午的火车票。他本来想签字后中午和同事聚餐，下午就去北京的单位报道。谁料，经理开会去了，不知什么时间能回来。情急之中，这名员工找到了党委书记。他想，反正都是"头儿"，只要有人签字同意就可以了。

书记是个热心人，他了解情况后，认为事情很紧急，于是就签了字。这位员工当然喜出望外，高兴地邀请书记共进午餐。员工走后，书记突然想到，有关人事问题他和经理有明确分工，互不干涉。这些属于经理管辖的事情，自己不应该插手啊！于是，他赶忙让人把那位员工找回来，向他说明自己无权签字。同时让人力资源管理者给经理发短信，告诉经理有员工需要签字。经理看到后回短信说，自己现在无法回去，麻烦书记代劳吧。结果自然是皆大欢喜。

这位书记的做法可以说是很明智的，他发现自己有插手同级工作的行为，及时纠正过来。避免了因为自己过于热心而造成的麻烦。

所以，如果你是个很热心的人，在和同事交往时不要事事处处都热心，对同事的事不分青红皂白都插手，管得太宽别人反而会厌烦。有些时候，你关心的恰恰是他们讨厌的，所以要三思而后行。即便同事在工作中出现了难堪的局面，也要先给他们一个台阶下，再想法帮忙。私事面前更不要自告奋勇帮忙，不请自到。

不要戏弄别人

如果同事间彼此熟悉，开一些无伤大雅的玩笑活跃气氛无可非议，这样的管理者一般很有人缘。可是，如果玩笑过度，取笑他人，揭他人的短，对方就会心怀不满。这就会影响同事之间的关系，进而也会影响部门之间的工作配合，甚至会影响管理者的形象。

某科技公司技术部的主管自认为自己才高八斗，再加上相貌英俊、部门员工人数众多，认为自己在众多的管理者中鹤立鸡群，便不把其他主管放在眼里，经常以取笑他们的方式显示自己的高傲。一天中午休息时，他对服务部新来的主管说："拜托，你把这份通知的内容给我念一下。我看电脑时间长，眼睛不舒服。"

服务部主管认真地一字一句地开始念。可是，他说话有些结巴。念完后，引起哄堂大笑。原来，他被捉弄了。

这位技术部主管不懂得尊重别人，以取笑他人来显示自己在这个环境中的重要地位。这样做不但于己无益，甚至还会影响部门员工的处世方式和价值观。

因此，在与这种不把他人放在眼中、爱耍弄别人的主管相处时，不能过于忍气吞声，必要时适当反击，让对方自取其辱。

每个人都不是十全十美的，不论是先天有生理上的缺陷，还是后天地位不如他人，但每个人都有自己的尊严，都有与他人平等的权利。当自己的尊严被挑战时，人们都会奋起捍卫。因此，对于形象或者外貌有缺陷的同事不要随意嘲弄，或者流露出不屑一顾的神态。这样的人本来可能就自卑，如果气量狭小者遭到他人的嘲弄会怀恨在心，有机会就试图报复。到那时，取笑他者就要自食其果了。

不论在历史上还是在现实生活中，那些因为取笑他人、开玩笑过分而导致友谊破裂的大有人在，应该吸取这个教训。

同事之间的友谊应当珍惜。因此在和同事相处中，对于他们先天的某些缺陷和生活中的某些不如意，需要护短而不是揭短。这样才能为下属树立做人的榜样。

掌握多种沟通方式

当然，没有人天生就具备良好的沟通能力，因此，要掌握有效沟通的方法就需要在工作中锻炼和不断摸索。这样才能提高自己的沟通水平，沟通起来也会有好的效果。沟通不仅可锻炼管理者的管理水平，而且通过沟通，可让上下级之间相互了解、相互接近，达成共识，营造和谐的团队氛围，更好地推动企业的发展，这才是有效的沟通。

企业中最常见的沟通就是书面报告及口头传达，但前者最容易掉进文山会海当中，失去沟通的效率性；而后者则易为个人主观意识所左右，无法客观地传达沟通内容。

我们知道沟通有上行沟通、下行沟通和平行沟通三种方式。除了向领导汇报和部门之间的平行沟通外，管理者还应该提倡下行沟通。鼓励员工向上级直接说出意见和想法。对员工来说，这是一种精神上的满足。

作为管理者要给员工这种上行沟通的机会。也可以通过制订相关的制度来保证上行沟通的顺畅，比如定期召开员工座谈会，设立部门的意见箱，制订定期的汇报制度等，鼓励和奖励这样的行为。

高效的沟通是建立在平等的基础上的，如果沟通者之间无法做到平等，沟通的效果就会大打折扣。尤其是管理者和下属沟通如果不能保持平等的态度，而使员工觉得管理者高高在上、高不可攀，所进行的沟通一定不会顺畅。会遭遇很大的阻力。因此，在和下属沟通时要保持平等的心态。

国内的许多企业，沟通只是单向的，即只是领导对下属传达命令，下属只是象征性地反馈意见。这样的沟通就不是有效沟通，不仅无助于决策层的监督与管理，也会挫伤员工的积极性及归属感。所以，单向沟通有必要变为双向沟通。

双向沟通的好处在于管理者可以及时发现员工中隐藏的问题。因为企业的利益和员工的利益难免会产生冲突。只有善用沟通的力量，才能使双方更好地相互了解，及时调整双方利益，化解矛盾。而双向沟通的方式有许多种，其中的关键是领导层应尊重员工的意见，即使员工所提建议不能被采纳，也要肯定其主动性。如果建议可行，则要公开表扬，以示鼓励。

由于公司内部人员素质参差不齐，因此在同样的沟通方式下，也会产生各种不同的效果。要从根本上解决这个问题，就需要持续地开展内部再教育，使企业员工的思想跟得上现代企业对沟通的需要。

沟通的技巧要因人而异、对症下药，比如，对于有能力的人，以信任和放权为沟通的基础，激发其责任感；对于能力平平而遵守纪律的人，针对其薄弱之处多作鼓励，适当批评，让其发现自身缺点而主动改进；对于能力平平纪律性也很差的人，可以采用及时肯定及期许性鼓励的沟通方式。只要培养其责任感，沟通也会卓见成效。

同时沟通很讲究投其所好。这种投其所好不是曲意巴结逢迎，而是摸透对方的心理，这样的沟通对方就乐意接受。在企业的沟通中，管理者也需要学习这种本领，不论对上、对下，还是对平级，摸透他们的心理特点，沟通就可以收到事半功倍的效果。

一位部门经理在与上级沟通的时候很顺利，就是因为他掌握了上级的心理。这位上级非常喜爱安静，他宁肯独自一人静静地看下属的汇报材料，思考解决问题的对策，也不愿听他们口头汇报。他认为那样太浪费时间，也不利于自己发现问题。

了解到上司的这种心理，该部门经理就用电子邮件的形式把汇报材料发过去，这样正好顺应了上级的心理特点。他可以在自己有时间时随时翻看、查阅，经过仔细考虑做出决策。因此，他也就得到了上级更多的关注和赞赏。

学会激励自己的员工

人是需要被表扬、被肯定的。表扬是一种积极的鼓励、促进和引导。人们都有希望得到别人肯定的心理，这是人性使然。下属也一样，当他们工作取得一定的成就后，渴望管理者的肯定和表扬。

善于夸奖，是管理者的一种管理策略。著名的企业家汤姆·彼得斯说过："经理最高级的一项工作就是让员工欢欣鼓舞。"这句话的意思是：作为一名经理，首先应该做到的是留意下属的工作，对他们的进步和取得的成绩加以赞许。杰克·韦尔奇先生也曾在中国的一次管理会上提出：当自己的员工有一个非常好的创意的时候，自己是不是感到非常兴奋，是不是可以承认他的创意，祝贺他的想法。很明显，韦尔奇先生认为，作为一个企业领导者，必须懂得表扬员工。

由于工作出色受到奖励，下属便能意识到上司在时刻关注着自己的工作绩效。若是自己能恰到好处地给自己的下属以表扬，这种成就感和荣誉感也可以大大激发他们的工作热情。因此，管理者要有阳光心态，要学会用鼓励的语言培养下属，对他们取得的每一点进步都要鼓掌、喝彩。

表扬员工不一定是亲自表扬，也可以通过第三者的口气来表达。这种侧面战术更会使当事者信服。背地里的称赞和背地里的批评一样，一定会传到当事人的耳朵里。为了让管理者对下属的赞美快速、准确地传到对方耳中，在选择"传话人"时，要尽量寻找与下属关系亲密，接触频繁的人，例如下属的家人、朋友等。

一般来说，不宜当着其他同事的面赞美，下属难免会产生不平衡的心理。基于此，赞美下属最好当着他们的家人或者朋友的面，其家人和朋友也一定会非常高兴。

虽然由于受工作环境所限，管理者与下属的家人、朋友见面的次数并不会太多，但一旦有这样沟通的机会，管理者就一定不要错过，要充分利用这个时机向下属的家人、朋友赞美他们。如果两位或者多位员工都表现出色，为了平衡他们的心理，表扬要厚此不薄彼。

下属有了成绩，管理者就应及时加以肯定和赞扬，促其再接再厉。而且，一个善用表扬的管理者，不会满足于对个人或集体的优点、长处作简单的肯定与赞扬，总是善于挖掘表扬的深层潜力，以努力提升表扬的效果。

让自己变得职业化

随着"职业经理人"这个具有代表性的名称的出现，管理者的职业化更加凸显。"职业经理人"仅从名称上就可以看出，其必须具备一定的职业水准才能担当。

最早的"职业经理人"产生于 19 世纪中叶的美国。当时因为两列客车相撞，美国人意识到铁路企业的业主没有能力管理好这种现代企业，应该选择有管理才能的人来担任企业的管理者，于是，世界上第一个专业货运计划经理人诞生了。

上节中的何飞鹏总结做管理者所犯错误的目的在于告诉大家，管理者其实也是一项专业，要胜任此职，需要具备各种不同的专业技能。

这就说明，管理者职业化势在必行。特别是在以家族企业为主的民营私企中，更需要实现管理者职业化。如果只是沿袭家族制、任人唯亲的用人方式，就会阻碍企业的发展。

三分管人 七分做人

职业经理人的能力被认可，为管理者提供了许多晋升管理职务的机会。特别是在第二次世界大战后，随着经济复兴、百业俱兴，从此，管理者们开始实现了从蓝领阶层向白领和金领阶层的跨越和提升。在这个时期，对管理者的要求就是专业。在企业中，不论他们担任的是财务总监、人事部主任还是后勤部部长或销售业务经理，重要的是，都必须具备一定的专业能力。专业就是他们令人佩服的能力，同时也是他们职业化的证明。

随着时代的发展，特别是高科技的发展，对管理者的职业化也提出了更高的挑战。管理者必须由专业化进化为通才，要一专多能。在这种高标准的要求下，2008 年，全球企业的 CEO 因为不称职而被解雇的比例达到前所未有的 65%。而英国管理学会在 2009 年针对 1000 名管理者的一项调查显示：现任的近 3/4 的管理者，将会在未来的 1 年内，因不适应管理的新变化而被解职。

管理者这个职务的游戏规则正在发生改变。在这种情况下，那些仅凭自己特殊的身份背景和某些客观原因跃升到管理职务的人，不是更应该有战战兢兢、如履薄冰般的危机感吗。

如果自己不具备职业化的能力，不仅贻误自己的大好前途，也会贻误团队和企业的发展！因此，那些不合格的管理者们要尽快让自己完成脱胎换骨的转变。至于那些精明、干练、称职的管理者，必须以较高的管理品质为基础方能与企业的发展需要相配合，必须具备与时俱进的职业化能力才不会被时代淘汰！

待人接物变得真诚

一个企业不是靠一个人打拼，而是靠众人捧柴。真诚能赢得信任，真诚能换来以心交心，这样管理者就形成了自己的影响力，员工和这样的管理者相处也会感到轻松无比。在相互坦诚的氛围中也会形成一支如大家庭一般温暖的和谐的团队。

真诚是人性的一大优点。提到真诚，人们就会联想到真心实意、诚实、诚恳等。真心实意自然值得信赖。人们认为一个人可信，通常是因为这个人本身是一个真诚的人。只有言行一致人们才能相信这个人是可靠的，值得追随，值得信赖。这样的管理者，上司才会相信，下属才会交心，企业才会具有凝聚力。

的确，作为一个领导者如果表里不一、言行不一，就无法赢得跟随者的尊重。企业中有些管理者常常言行不一，对上一套、对下一套，明里一套、暗里一套。他们整天想的是怎样弄一些虚假的数据来提高自己的业绩，怎样通过欺骗和耍花招来取悦自己的上级领导。甚至为了实现这一目标而不择手段。尽管他们也知道自己的所作所为是不正当的，但是他们认为这些行为员工不知道，上司不知道。

他们自以为很聪明，可是上司和员工都会提防他们。俗话说"路遥知马力，日久见人心"。管理者在企业中需要与上司和下属长期共事，他们最终总会知道他是否真诚和诚实。如果管理者不忠诚，老板怎敢重用？这样的管理者能带出一支怎样的队伍？在下属看来，跟着一个不诚实的管理者，总会担心有一天被他"卖"了。

美国著名管理专家史蒂芬·柯维告诫领导者"诚恳正直可赢得信任，是一笔重要存款。反之，已有的建树也会因行为不检点而被抹杀……行为不诚恳，就足以使感情账户出现赤字。"

在企业中，员工们可以原谅管理者的疏忽甚至粗鲁无礼，但是他们却无法宽恕管理者的不诚实、不真诚。因为在他们看来，管理者是自己学习的榜样，如果管理者不真诚、不诚实，他们就会有一种被欺骗的感觉。相反，如果管理者能及时表现自己的真诚，即便他们行为不慎，也能赢得员工的谅解。

马克曾在油井工地上担任指挥。一天，他注意到一个搬运工工作磨磨蹭蹭就很生气并骂道："自己在干什么？振作起来，笨蛋！"可是，这名搬运工看着他发火咆哮似乎并没有什么改变，只是平静地回答："好的。"

这让马克莫名其妙。他忍不住想冲上去教训这位员工一顿。可是当他走近这位员工时才发现原来他手上有伤。为了不耽误工作，他在坚持着得知这种情况，马克走到员工身旁，真诚地说："抱歉！我刚才不应该发火。我不知道自己的手……我马上送自己进城找医生看看。"听到管理者这句话，员工惊讶地看着他。在他眼中，这位不可一世的粗鲁的管理者居然会向员工真诚地道歉了。他笑了一下说："没什么大不了的，干完活我自己清理一下就可以了。"就是这件不起眼的小事，却改变了马克在员工心目中的印象。以后，这位员工和马克也建立了融洽的关系。

马克自己更没有想到，一句坦诚的话语就赢得了员工对自己的信任，改变了自己在员工心目中的形象。

这就是真诚待人的效应。虽然并非高深的管理秘诀，却是能够赢得员工信任的行之有效的管理方法。因此，在管理者与下属的沟通中，特别是当管理者不明真相错怪员工时要及时反省自己，坦诚自己的不足，这样才可以赢得员工的谅解和信任。

真诚不仅要通过语言展现出来，而且要通过行动体现出来。在这方面，一些成功的企业家和管理者都已经做出了表率。台湾台塑集团董事长王永庆，当被问及他创造亿万财富的秘诀时，王永庆答道："其实我长得也不英俊，并没有什么形象上的魅力，我认为最要紧的是以诚待人。"他是这样说的，也是这样做的。当别人卖米都是把陈米放在下面，新米放在上面来蒙骗顾客时，王永庆却不这样。他送米时总是把顾客的缸底打扫干净，当着顾客的面把麻袋中的米倒入缸中。当顾客看到麻袋中的米确实都是新米时，他们就被王永庆诚实待人的行为所感动，而纷纷买他的米。

王永庆不但对待顾客诚实守信，对待员工和合作伙伴也是如此。正是在这种经营理念的引导下，王永庆逐渐树立了自己的形象和威信，他也从一个小小的零售个体摊贩做大做强，打败了其他竞争对手，使他的事业得到了更加广阔的拓展。

泰国曼谷东方饭店曾先后四次被美国《国际投资者》杂

志评为"世界最佳饭店"。饭店管理的巨大成功与总经理的真诚密不可分。总经理说:"自己要往下属的感情账户里投资诚恳和正直,自己只要感动了下属,他们一定会给自己最好的回报。"正因为总经理对待员工真诚、诚恳,因此员工也以自己的诚实和诚恳来回报他,上下齐心协力拧成一股绳,企业发展才取得了可喜的业绩。

由此可见,以诚待人才能赢得人们的支持和帮助,那样,领导才能成功。因此,在与员工的相处中,管理者要发自内心地时时表现自己的真诚。即便在平时与员工的相处中,如果自己能用一双充满善意的目光和员工交流,也很容易拉近彼此的距离,让对方觉得自己的关心和注视是真诚的。

提升自己的决策能力

美国麻省理工学院一位著名的管理学专家认为,作为领导者,在其综合素质上,有三方面属于核心能力,即决策、用人、专业。而这三方面侧重点又各不相同:对于领导者来说,最重要的是决策,占 47%;其次是用人,占 35%;最后是专业,只占 18%。

决策就是开展工作的方向和目标。管理者在领导下属工作中首先要解决干什么、怎样干的问题。而所有这些问题都需要通过决策来解决。决策能力是领导者为维持企业生存必须具备的基本素质。

有些管理者认为做决策是高层领导者的事务。自己作为执行层，只需要把领导的决策执行到位、落实到位就可以了，没必要去做决策。在这种思维方式的支配下，他们即便执行领导的决策也被动的局面。而且这也会造成团队中只有高层领导者、只有老板一个人做决策的情况。如果事情紧急而老板又不在场，就会没人拍板，这直接会影响企业的发展。有些管理者根本不做决策，相信船到桥头自然直，走一步看一步。在这种思维模式下，部门的工作也是很盲目的。即便成功也是"撞大运"的结果。

管理者是劳心而非劳力者，劳心者即运用其心智，发掘潜在问题，进而深入分析，提出解决对策。因此，需要动脑思考，需要做决定，做决策。随着管理者在公司内职位的不断晋升，他所采取的决策方式也会发生变化。

职位较低时，他的工作可能是设法把各种产品销售出去，此时，行动是关键；职位较高时，他的工作则可能牵涉对提供哪些产品与服务以及如何开发做出决策。若想在公司里不断晋升，并能胜任新的角色，就需要学习一些新的技能和行为方式。此时的大部分时间就要用来做决策。

也有些管理者重视决策，可是他们做出的决策有时都是错误的。这些都是没有决策力的表现。决策错误是指由于调查研究不够、民主决策机制未落实、听取意见或建议不充分等原因，致使领导制订的有关决策无法执行，而导致工作失误造成损失的行为。

这种现象在企业中并不少见。联想控股总裁柳传志在

2000 年网络最火爆的时候，投资 FM365 网站超过 1 亿元人民币，决定运营门户网站，TCL 董事长李东生 2005 年投资法国汤姆逊，顺驰地产董事长孙宏斌 2005 年决定百亿规模扩张，后来证明这些决策都是错误的。

管理者是部门的领头羊，最大的责任就是要对上级负责，对下属的工作结果负责。对结果负责，就是要决策本身有效。如果管理者的方向错误，员工再怎么努力都是南辕北辙。市场就如同一个没有硝烟的战场，同行业之间的竞争已经发展到了白热化的程度。

谁在经营管理决策上善于筹谋、具有前瞻性，谁就有可能在市场上领先一步，抢占制高点。因此，要提高部门的执行力首先需要管理者重视决策，有正确决策的能力。当发现工作中遇到了很多返工环节，那就说明在工作之前没有仔细思考就做出了决策。这样就会降低自己的威信，无法动员和凝聚组织成员了。

当然，管理者做决策和高层领导者做决策的内容不同。高层领导者要考虑那些对企业发展具有战略性的问题，而管理者做决策往往只考虑本部门的工作怎样开展才能更好地配合公司的发展战略。企业管理者所要做的，就是面对各种不同的情境都能做好决策。

一般而言，管理者做决策主要应评估外界环境情势的变化，分析有哪些趋势对自己而言是机会，哪些是威胁。应练就化威胁为机会的功夫。同时了解本身有哪些资源——自己的强处与弱点在哪里，以界定自己的生存空间与发展方向。合理地谋划本部门的整体目标与长期发展计划。以这些目标和计划作为部门努力的方向和绩效衡量的准绳。同时依整体目标拟订部门的政策方针与策略，以使人力、物力及时间等资源获得最充分与最有效的利用。在决策正确的基础上追踪考核，确保决策的正确执行。

在一个竞争的时代，成功的管理者会告别"拍脑袋"决策。他们会应用商业智能把数据变为知识，用知识帮助决策，并借用"外脑"，向领导者提供"集体智慧"，从而提高决策的效率和水平。

让自己善于谋略

多谋善断，就是要求领导者在实施和组织工作的过程中，要善于运用谋略，运筹帷幄，创造性地开展工作。这同样也是对管理者做决策的要求。商战需要谋略，谋略是商战的法宝。大至企业长远的发展战略，小至具体产品对市场的占有率，离开了正确的谋划与决策，再多的行动也会失败。

谋略需要多谋善断。"多谋"是领导者通过调查、策划、商量、讨论、咨询等行为，去寻求实现某一个目标或解决某一个难题的途径或方法的一种思维活动。"善断"就是对正确的计划、决定敢于做出判断或决断。

为什么需要多谋善断呢？因为决策的内容都是关于未来以及企业在未来中的地位，而未来又是不确定的。为了应对这种不确定性，就需要多谋善断。要多谋就要眼观六路、耳听八方，掌握周遭环境动态及其变化，获得珍贵的情报。比如，李泌之所以能说服唐德宗就是因为他掌握了张延赏和李升的父亲不和的信息，因此才判断他肯定要对李升报复诬陷。

身为管理者还需要不断培养自己的理性思维水平，用冷静的分析来决策未来。因为领导者决策的过程，从根本上说应是理性思维的过程。在这个过程中，必须具备较强的理性思维能力，能够辩证地认识问题，处理各种矛盾和关系。

纵观古今，曹操能达到"挟天子以令天下"的目的与当时荀彧辩证地看待问题，力排众议，说服曹操有关。东汉末年，汉室经过大乱后，汉献帝被迎回了洛阳。曹操这时驻扎在许县，他想迎回汉献帝。可是，大家都不主张迎接。他们说，现在崤山以东还没有平定下来，而为献帝护驾的两位大将势力很大，很难一下子制伏。

此时，荀彧站起来说话了。他说："古代周襄王因为祸乱远离京都，是晋文公重耳接纳了他帮他复位，因此各国一致推举晋文公为霸主。如果说献帝在外漂泊时，将军因为局势混乱来不及接驾，而今献帝回到了京城，百姓们也怀念起汉室。可京城已经破烂不堪，我们为什么不顺民心去迎接献帝呢？如果将军现在不这样做，其他人去迎献帝，我们就失去了这个千载难逢的好机会。"这一番话见识不凡，令曹操茅塞顿开，下定了决心去迎接汉献帝。

荀彧的这个决策就是理性思维的结果。只有运用辩证思维才能透过现象看本质，透过局部看整体。

既是多谋，就需要提高逆向思维能力，善于以果推因，寻根溯源，通过对问题形成原因的认真思考、判断，来修改、完善自己的工作决策。这样做出的决策才是符合客观事物发展的规律的，才是正确的决策。

比如，新希望集团要上一个项目时不是从项目的可行性说起，而是从项目的可否性人手。每个项目出来都要进行三轮"批判性论证"，第一轮在企业内部论证，第二轮是邀请企业外部各方面专家论证，第三轮是集中企业内部和外部专家共同论证。只有经过这几个回合的论证仍驳不倒的项目，集团才会研究这个项目投资上马的时间问题。

无论如何贤能的管理者，也不可能事事时时都是智多星，管理者也有没主意的时候，因此要注意发挥员工的作用。因为在员工中蕴藏着无穷的智慧和创造力。好的管理者会通过各种方式认真征求下属意见，下属看到管理者如此谦逊和民主，也会竭尽全力来为管理者出谋划策，从而使管理者获得更好的方案。

多谋就需要掌握各种知识。掌握知识越多、越全面，思维的空间就越广阔，就能更好地谋划、决策，为做出正确的决策打牢坚实的基础。中国历史上，那些足智多谋的人无一不是饱览群书、知识渊博的人。

"善断"就要不失时机，恰到好处、当机立断。"善断"还要坚持原则性与灵活性相结合的原则，在具体工作中，要根据不同的情况，需要刚则刚，需要柔则柔，采取形式多样的方法，创造性地开展工作。

多谋善断是一门领导艺术，要真正融会贯通，灵活应用于具体的工作实践，不但要具备广博的知识，扎实的理论功底，还要有丰富的实践经验，创新的思维能力。只有这样，才能驾驭复杂的局势，趋利避害，打开新的工作局面。

管理者的领袖气质

凡是成功担任领导角色的人，他们都有一种领袖气质。对于这些，有些管理者并没有意识到。全球华人商业领袖李嘉诚说过：当团队的老板还是团队的领袖，这是不一样的。做老板简单得多，自己的权力主要来自自己的地位，而地位可来自上天的眷顾，也可凭借后天的努力和专业的知识。而且，做老板也许只懂支配众人，可是做领袖要领导众人，促使别人自觉甘心快乐工作。

在他们看来，领导和管理都是一样的。其实，"领导"与"管理"是有根本区别的。管理以事为导向，管理者就是负责某项工作使它顺利进行；而领导以人为导向，领导者率领并引导大家朝着一定方向前进，是对人的行为施加影响。

管理者虽然不是高层领导者，可是也需要领导员工，因此，也需要打造这种领袖气质。在这方面，可以向那些具备领袖气质的人学习。凡是具备领袖气质的人他们都有以下这些较为明显的人格魅力。

中外历史上那些伟大的领袖都是志向远大的人。他们的目标是为人类文明、商业进步、社会和谐发展承担责任和奉献价值并且发挥影响力。正是因为他们志向远大，超越了平庸之辈，表现出自己远大的目光，同时也为那些跟随他们的人指明了奋斗的方向，因此为自己赢得了更多的追随者。

管理者虽然只负责一个部门，但是也需要目光远大，要从企业发展的角度长远考虑，不能一叶障目，只见树木，不见森林。凡是领袖人物都是高度自信的人。即便在遇到困难时也会给予人们成功的力量，鼓舞周围的人协助他朝着理想、目标和成就迈进。

企业管理也是同样，管理者有自信，员工才能有工作动力，才能激发热情促进企业发展。因此管理者要让自己保持积极的心态，对生活充满热忱，充满自信。如果能够鼓励下属谈谈他的个人奋斗史或成功的故事，也会鼓舞起大家的斗志。

下属都希望自己的领导是一个宽厚者，而不希望领导每天铁青着脸，动不动就对自己吆五喝六、批评责骂。多数领导都懂得在下属面前树立一个仁义宽厚的形象，这也是厚德得人心的真谛所在。管理者有亲和力，员工不仅会感到温暖而且还会视他为朋友，并因此感到心情愉快。工作效率自然会提升。

优秀的领导都是能影响别人，使别人追随自己的人。他们善于发挥自身的影响力，使别人参加进来，跟他一起努力。要形成自己的影响力可以多参加社会交往，多接触形形色色的人。如果一个组织富有奉献精神，那是因为它的领导者精神崇高。

要打造一支具有崇高精神的团队，管理者也需要一种奉献精神。为了企业的利益，必要时牺牲自己或本部门的利益。在工作紧张和企业遇到危机的关键时刻，也需要发挥无私奉献的精神，和企业共渡难关。

领导要拥有一对预见未来的眼睛，一双提供变化并能控制变化的手，一对能听到不同声音的耳朵，这样才能保证团队向正确的方向前进。要具所有的这些人格魅力，需要在平时有意识地培养和锻炼自己。可以通过博览群书，借鉴他人的经验；也可以在工作中锻炼自己的综合分析判断能力和预测能力。

总之，只有经过平凡积累起来的伟大，才能使领袖具有真正的领袖精神和品格，由此迸发出的气质才能真正彰显别样的领袖风采，并快速实现从管理者到领导者的角色转换，早日成为一个称职的领导。

第十章　如何应对形形色色的各类员工

　　人的工作是最难做的。管理者不仅要管事更要管人。一个管理者的最大成就是，构建并统率一支具有强大战斗力与高度协作精神的团队。有些员工自我管理能力较强，管理起来可能不用费心费力，也有一些"问题员工"，对这部分员工的管理难度就比较大了。

　　如何处理"问题员工"，如何应对由这样的人引发的组织冲突，对于管理者来说是个挑战，也是对自身管理能力的考验。如果无法制伏这些"刺儿头"，自己就会受他们压制。这当然是管理者所不希望看到的结果。

　　那些管理水平高超的管理者们，不论什么样的"问题员工"他们都能摆平。他们掌握了管理这些问题员工的方法与技能，能最大限度地消除其负面影响，并且使其缺点转化成优点。

团队中的"老资格"

在任何企业中，都有一批老资格的员工，他们中有些人仗着在企业工作时间长，不把任何人放在眼中。

这种人在员工中可以称得上是意见领袖，因为他们具有一定的影响力，不论他们的行为对错，大部分员工都会唯他们的马首是瞻。不追随他们的甚至还会受到打击。

一个典型的欧洲矩阵式结构公司，由于承揽了海外业务，欲在当地设分部，派谁当分部主管成了人力资源的头等大事。总经理考虑到年轻的小黄英语能力较强，可以直接与当地有关部门沟通，而老徐年龄已近五十，又不懂英语。而且海外施工需要很大的精力、体力，无论如何还是派一名年轻的管理人员更合适，于是就顺势提升他为主管。这下，志在必得的老徐工作行为与方式开始出现了一些变化。

他的态度明显变得非常骄横，他不仅粗暴地对待小黄，对基层员工的态度更为放肆，动辄大声呵斥下属。特别是对人力资源部门的人员，横竖看不惯。有一次，他在公司召开的管理人员大会上公开说："有些部门用人完全是凭主观印象，以后我们部门的事情不用其他部门插手，我们自己可以搞定。"这让在座的上司和其他部门的管理人员都非常气愤，小黄作为主管也感到十分尴尬。可是，因为老徐是公司资格最老的一名员工。大家也没多做反驳。

老总见状提醒老徐注意一下说话方式，可是老徐索性破罐破摔，丝毫都不顾忌。这样一来，不少人都向小黄抱怨老徐的态度让他们极为难受。小黄也感到左右为难，老徐连公司总经理都不放在眼里，一个入职不到半年的小主管又能把他怎样。为此小黄陷入了困境。

部门中有"摆老资格"的下属，应该说是一种很正常的现象。这些老资格下属一般架子大，什么人都不放在眼中。如果遭遇不公平待遇，脾气更大。因此，许多管理者都会惹不起躲得起，尽量回避他们。这样做是不对的，老资格下属之所以怨气冲天就是为了发泄。如果躲避他们，他们的疑心更大，以为自己暗地里做什么了。

管理者必须以积极的态度，积极靠近那些爱摆老资格的下属，倾听他们的心声，尽量帮助他们解决一些问题。即便像升职这类问题自己无法解决，但是自己的关心问候也可以使他们失衡的心理得以平衡。

老资格下属也是自己的下属，即便他们是自己的搭档和副手，也是要受正职领导的，因此，对于他们要大胆管理。如果不敢管理，其他员工会以为自己欺软怕硬。因此，切不可因不愿管、不敢管、不会管等，而对其疏于管理。管理"摆老资格"的下属需要讲究方式，以尊重和关心的方式表现出来，这样才不会引起他们的反感。

"摆老资格"的下属由于经历较丰富，情况比较熟悉，因此常会有意给管理者出难题。即便他们无意中做错了事情，往往也会强词夺理，寻找种种理由为自己的过错辩解。管理者要显示出自己的威严来。平时与他们要保持一定的距离，更不可轻易接受他们的馈赠。交办工作语调要严肃，批评他们要有理、有据、有力。只有让对方感到自己公事公办，一派威严，他们才能在行为上有所检点。

那些下属之所以摆老资格，就是因为有些事情离了他别人都干不了。对此，管理者必须及早培养一批上进心较强的业务骨干，以便在老资格的下属要挟自己时能及时替补。这样，一方面有利于提高本部门的工作水平，另一方面又能使"摆老资格"的下属"撂挑子"失去效用。同时也可以打击一下他们嚣张的气焰。

作为一名管理者，既要有"将野马驯化成良驹"的管理艺术，又应该有容人之过的度量。对摆老资格的下属切不可记恨他们，当他们遇到困难时，应该及时伸手援助。当他们体会管理者到真诚的关心后，自然会有好的表现。管理好了他们，不仅教育了其本人，还会产生连带效应，教育引导其他下属。

拍马屁的员工

"拍马屁"一词，于国人并不陌生。通常人们理解的"拍马屁"就是下属"讨好"、"谄媚"、"奉承"上司或者位高权重的人的意思。因此，人们对善于拍马屁的人通常都没有什么好感。

有些时候，"拍马屁"的人不一定别有用心，他们只是把这些看做和领导者的对话方式。因为每个人内心深处都渴望得到别人的肯定和尊重。可是，他们没有想到，如果做下属的只是赞美领导，也会引起其他人的反感。

既然是如此，为什么还有人冒天下之大不韪而乐此不疲呢？

据"拍马屁"者诉苦说，他们本不想拍，可是"批评上级，官帽不保；批评下级，选票减少"。不拍领导的马屁，惹领导不高兴，领导会对自己心存芥蒂；得罪下级，投票时肯定要给自己评不满意，进而影响自己的前途和升迁。因此，他们只能两面讨好。

这虽然是某些人的官场心得，可是在企业中，在管理者身边也会有一些喜爱拍马屁的人。尽管职场不是官场，尽管领导并不提倡他们这样做，但是他们就是善于此道，情有独钟。那么，管理者作为领导，应当如何对待"拍马屁"和"讲好话"的部属呢？是横眉立对、怒斥他们的品行，还是不动声色地默许，私下里内心偷着乐呢？这就要分析拍马屁者的动机和原因，视不同场合、不同人品、交往深浅而定，不能一概而论。

如果是两人私交甚好，下属在尴尬的场合，为了维护领导的面子则情有可原。

如果一向不怎么看好自己的部下突然十分热情，频繁地拍马屁，而且还升级了，就要小心了，也许他们是别有用心，想要达到什么目的。

在这种情况下，如果管理者像掉进了蜜罐子一般被捧得晕晕乎乎，就会给别有用心的人钻空子，从而破坏企业的某些规则。比如，在很多关于选举、任用、重要决策等重大问题上，由于"潜规则"的潜入，就会出现暗箱操作，破坏规则，损害公正性和严肃性。

要引导这样的下属赞美大多数人。自觉地把过多送给领导的"赞美"话，转移到与同事的交往中，发现每一个人身上的闪光点，对同事取得的工作成绩，要不失时机地予以表扬；对他们的优点和个性，可以恰如其分地"拍一拍"。这样做，就会在"拍"上司与"拍"同事之间找到一种平衡，这样的"拍技"，一定也能让大家感到心里舒服，而不会认为其是一个只会讨好上级的"马屁精"。

要让这些爱拍马屁的员工明白，所有人都有可赞美之处。只要真心赞叹，就不是拍马屁。当然，还是应该把精力和时间用在提高自己的能力上。毕竟，能力才是硬道理。

业绩平平的员工

每个企业中都会有一些从来就不曾显山露水的业绩平平的员工。员工业绩平平影响的不仅是自己，也影响企业的发展。这些业绩平平的人也有上进心，可是，在连二连三的打击后，别人对他们不再抱有希望，他们自己更不敢有所奢望了。

他们没有出众的业绩不是因为他们偷懒而是因为他们自身的能力较低，就像学校那些十分刻苦用功的学生一样，虽然勤勤恳恳、忠厚老实，可是始终成绩提不上去。此时，管理者对他们要不抛弃，不放弃，给他们以充足的信心。如果管理者对他们丧失了信心，会直接打击他们的进取心。因此，不可遗弃、冷落他们，而要适当地激励他们。这样也许会收到意想不到的效果。

那些业绩平平的员工虽然在本岗位并不突出，可是在其他岗位也许就会表现优异。每个人的能力总是有限的，因此，可以根据他们的爱好和特长，给他们平行换岗的机会，让他们学习不同的知识，以更好地运用自身技能。平行换岗，也是帮助员工探索与发展自身能力的良好机会。

这对员工了解公司、了解他人是很有帮助的。员工到了不同的部门，由于没有条条框框限定，有时还会提出一些非常新鲜、视角独特的建议。也许在做好这些工作的同时，他们的自信心就树立起来了。其他人也会发现他们有价值的方面，重新看待他们。如此，他们不仅换了工作，也赢得了他人对自己的认可。

越是业绩平平的员工，越需要学习他人的先进经验。因此，管理者要积极为他们搭建互相交流的平台。如果员工彼此的经验、体会和想法能够交流与分享，对员工之间的发展与学习也是很有利的事情。

那些低绩效员工之所以业绩平平，是因为他们在某一方面和其他员工相比不占优势，可是，如果他们所拥有的资源、技能进行整合呢？那样他们的综合能力增强，就会战胜某一方面能力单一的员工。

在每个员工的发展道路上，都会遵循这样的原则：有50%的发展来自于他自身的工作；有40%来自于他周围的同事、老板、客户，他接触的人的帮助；有 10% 来自于他所参加的培训、研讨会掌握的知识与技能。

如果我们把这些"低潜质"员工每天掌握的资源进行整合，自己会发现，即使是一个再不起眼的员工，也拥有一大笔资源财富。这些财富对他的发展有着不可估量的作用。因此，管理者要学会对他们的能力和资源打包整合，变换一个角度任用他们，评价他们，这样做比单纯的管理手段和绩效考核方式，更能鼓舞他们的信心，帮助他们发展提升。

有个性的员工

管理者要明白，优秀的公司是培养员工的好学校，因此要保持一定的耐心去实施"改造计划"，帮助他们改造自身的不良习性，而不是简单粗暴地对待。

现在很多年轻的员工家境都比较富裕，他们追求时尚。男员工染黄头发是经常的事情；至于女员工，也许就会穿吊带装上班。如果批评他们，他们会认为领导是"老古董、跟不上时代"。不论部门大小，员工们都会各具个性，各具特色。特别是在这个提倡个性的时代，员工们的个性更是既缤纷绚丽又让人感到无可奈何。

一般来说，个性员工是指企业内具有以下表现的员工：一是性格怪异、喜欢走极端；二是行为偏激，如着装、打扮过于另类；三是过于自我，我行我素，置企业规章制度于不顾；四是情绪忽冷忽热等。

有些员工性格冲动，为一点小事就和他人产生冲突；有个别员工因为对某些领导看不惯，就固执地我行我素，不合作、不愿意采纳他们的意见。也许不等老板炒他们，他们先"炒"老板等。

为此，管理者感叹：员工越来越难管理了。特别是对于那些个性员工不知应该管还是不管，应该怎样管？因为很多个性员工都是有能力的员工，而企业又很需要他们的才能，所以，管理者对个性员工既"爱"又"恨"。

有时我们们大可不必为遭遇个性员工而烦恼。员工无论有何种个性，既然存在就有其合理性。而且，任何一名员工都有其个性，只不过作用不同，表现形式不同。如果我们换个角度，重新来审视员工所表现出的个性就会发现，其实有些个性并不会破坏企业团队凝聚力。从某种意义上来说，正是因为这些员工千姿百态的个性存在，才使企业没变成死水一潭，更加具有创新性和活力。

我们需要对个性员工进行分析，根据他们个性的表现方式与影响，再采取管理办法。首先来分析员工个性表现的原因。一般来说，员工之所以要表现自己特立独行的个性一是因为个人习惯所致，就如同有些员工天生爱漂亮和打扮等；二是因为工作环境导致；三是员工对企业丧失了信心，觉得公司没有值得留恋的地方，于是在言行表现上就显得毫无顾忌。

如果是因为个人习惯所致的个性表现，这类个性就要根据企业经营类型进行管理，不能一概而论。广告公司、咨询策划公司等，对着装打扮的标新立异就不太苛求，反而认为是员工敢想、有创造力的表现。而在其他一些不是纯创意的公司中，管理者就会认为与公司的制度、文化相冲突，因此有必要对他们进行引导和约束。员工的个性也是有"弹性"的，如果没有约束员工可能就表现得散漫一点，如果有约束，员工可能就收敛一些。

如果是因为工作环境产生的个性表现，这种情况下比较容易"诊治"。比如，一些员工总是加班，身心疲惫，可是，领导又不理解他们。员工就会牢骚满腹，某些个性可能也会表现出来。此时，只要改变工作环境的某一项或某几项元素，就有可能使员工归于常态。经常关心员工的个人生活，在工作的同时解决员工的后顾之忧等，提高员工的个人满意度。

如果是因为对企业失去信心所表现的毫无顾忌，这种情况就说明或者企业缺乏激励机制，缺乏凝聚力；或者企业前景黯淡。管理者不能简单地对之进行批评教育，要学会做个性员工的思想工作，帮助他们重拾信心。如果企业经营确实不佳，就放手让那些个性员工寻找更适合的位置。

要管理好个性员工，管理者要起带头示范作用，尤其在遵守企业规章制度等方面，必须率先垂范。如有些公司要求员工上班必须着职业装，但管理者却身着休闲装，这对员工就很难有说服力。因此，管理者平时要注意自己的言行，做企业内部"游戏规则"的遵守者，不能把自己等同于普通员工。

更要注意根据每个员工的特点，采取机动灵活的方式，激发其潜能，这样做才符合以人为本的管理思想。

恃才傲物的员工

每家企业里，都有一些狂妄自负、不把任何人放在眼里的人。他们常常特立独行，爱表现自己；不拘小节，自由散漫，不遵守规章制度；经常公开顶撞领导等。因为他们认为上司并不如自己，所以常常不服从指挥。这正是应了那句"能人毛病多"的老话。这样的人常常令其上司头疼。

这些人有一定的工作能力和经验，有一定的工作资历，甚至在小范围内具有一定的号召力和影响力。这些也许就是他们自傲的资本。怎样管理这些恃才傲物的"能人"，让他们认识到自身的缺陷和不足就成为让管理者头疼的问题。

有些管理者在这些恃才傲物的人面前可能会感到有些自卑，因为自己确实在某些方面比不上他们。其实完全没有必要。自己身为管理者，需要的是综合的管理能力，在某一方面的专业能力上比不上下属也很正常。下属之所以恃才傲物是站在员工的角度考虑问题，他之所以还是下属，就是因为他还有所欠缺；或者是某些方面能力强，但综合能力不行。如果让他做管理者，恐怕他就会感到自己能力有限，不会再恃才傲物了。

也许下属爱自作主张，甚至故意拆台，认为上司限制了他的发展。如果是这种情况，就要给他挑战性的工作，让他的潜能最大限度发挥，让他的才华得到充分施展。这样他们完成后会有满足感，也会因此感激上司。

俗话说"金无足赤，人无完人"，恃才傲物者也并非万事皆通。因此，如果他们气焰太嚣张，目无领导，可以设法让他们认识自己的不足。有时给他安排一两件他比较陌生、做起来比较吃力的工作，并且要求限时完成任务，因为他们常常是眼高手低，故即便完成也会感到很吃力，完不成则会看到自己的不足之处。这样也可以让他们有自知之明，恃才傲物的个性才会稍稍收敛一些。

有些人之所以恃才傲物，是因为他们手中握有部分重要的资源，认为公司离开他会蒙受损失。比如，业务部拥有许多客户资源的员工，如果公司不任用他们，客户开拓就会受影响。对于这些自认为拥有公司特有资源的人，可以将他们手头的资源架空或将其资源进行重新分配，釜底抽薪，使其担任虚职。这样也可以让他们目空一切的心理稍有收敛。

因为这些人常常不拘小节，不服领导者，因此有必要用制度来约束他们，特别是在他们不以为意的方面用制度去管理他们。因为看不起领导，这些人通常很少和领导沟通。可是，作为他们的上司要注意和他们沟通。这样做一是为了保证工作效率，二是为了及时了解他们的动向，防止产生误会。

他们有时迟到也许并非故意不遵守规章制度，而是家中事务繁多或者身体健康问题等引起的。因此，要多与之进行思想交流，力求达成共识和引起共鸣，防止因互不了解而产生麻烦和损失。

这些恃才傲物的人往往控制不住自己的表现欲，过分张扬，他们不仅对上司如此，对同事也会如此，因此，很往往容易招致其他员工的嫉妒。如果领导偏爱他们，他们也可能受到大多数员工的攻击和孤立。但如果顺应其他成员的心理需求，这些能人又会离开团队，使部门的效益受损。如果领导有意为难他们、压制他们，他们更会走人。此时应该怎么办？

妥善的解决办法就是引导他们为人低调一些，少说多做。除此之外，还要善意地委婉地说服他们改正缺点。同时也要教导其他员工争做先进，让他们明白，企业是要效益的，要引导团队形成积极进取的健康氛围，涌现更多的能人。当然也不能为了迁就普通员工的心理而忽视恃才傲物的人，这样一来就得不偿失了。

无论如何，对待这些恃才傲物的人要包容和宽容、引导和疏导，而不能压制打击。作为领导者，能够接受"恃才傲物"的下属，本身就是一种胸怀、一种气度的表现。

我们要与恃才傲物的下属和谐相处，那样，他们也会被自己的大度所感动，会自愿帮助自己。另外，为了自身的影响力和说服力，要注意提高自己的专业素质和能力。业务水平提高了，工作就有主见，就能在下属心目中高高树立领导的形象，那些恃才傲物的下属也会为之信服。

爱抱怨的下属

任劳任怨是企业领导埋头管理工作的写照，大致有两个方面必须说明：一是作为企业领导对下属的失误不能单凭埋怨了事，二是作为企业领导不应该对下属的抱怨不过问、不解决。否则，你只能遭到更多的怨恨和指责。换言之，下属期盼企业领导能够合情合理地解决自己的委屈，而不是置之不理。

把一个人的不满形诸于外，就是抱怨。同样，当我们的下属对我们有什么不满并形诸于外的时候，就表明他正在抱怨。

遇到爱抱怨的下属也许是一件很正常的事，因为一个管理者往往要领导很多下属，不可能面面俱到，一个疏忽，就会听到来自不同下属的抱怨的声音。不少管理者并不去理睬抱怨，结果下属的不满越来越多，人数也愈来愈多，像洪水慢慢升高威胁着堤坝。

有时我们处在一个负责管理或者执行的位置，我们可能认为你没有必要去听雇员的抱怨，你会认为自己工作多得忙不过来，不仅要考虑降低成本，要完成定额还不能超过期限，要提高生产效率，提高产品质量，还要参加没完没了的会议。

有时我们还会推脱，觉得说公司有专门管生产的经理，有专门处理个人问题的人事部门，还有雇员顾问，人们可以去找他们解决有关工资、工作条件等各方面的问题。

而这些想法都是不对的。一个成功的团队领导者应听取每个雇员的抱怨和诉苦。这是管理者义不容辞的责任，也可以说是最重要的责任。我们应该虚心接受建议和听取他们的不满，在合理的情况下满足要求。

我们身为管理者应该明确的知道，当团队内部开始有抱怨不满的声音出现时，说明我们团队内部的制度和运行已经开始出现了问题，我们不要一味的去遏制这些声音，而是要找寻其根本，在源头上解决这些问题，让我们的团队健康起来，让每一个员工都能在相对满意开心的环境中工作生活。

目无大小的员工

有时我们以平和的口吻对下属说话，对方却误以为我们在与他交换意见或开讨论会。若下属的年龄与我们相仿，情况可能更加难以处理。甚至下属会认为我们与他是平等的，我们们只是朋友的关系。我们必须使下属清楚区分我们们之间的立场并不相同，我是管理者，而他们是被管理者。

情绪性的发怒会有其正面的效果。我们必须使对方了解"我是在生气，而且这时我们需要一记相应的猛拳。

一位被公司派到外地出差的新职员，每次出差都需要母亲随侍在旁，这是父母亲过度保护造成的结果。像这种人即使受到些微的挫折，也会想要离开所处的环境，以避免接触烦恼。像这种职员，一旦离职或许我们会因此而被他人批评："就是因为上司不好。

一般来说，非常讨厌被责骂的人，总无法了解被批评始于何时，以及将以何种方式结束，他就是害怕这一点。因此，当我们对下属说："我们来会议室一下。"花上个三十分钟，我们一面听他的辩解，一面指出他的犯错之处，而在批评之后，就应该以"今后要更加小心"这句话来作为结束。

这类批评的方式在使用几次之后，通常被责骂的人就能事先做好心理准备。即使在被批评时，也能暗自忖度："再忍耐十五分钟就可告一段落！"若下属能够达到此境界，他再也不害怕批评了。

如果被批评的机会增加，下属甚至能够分析管理者们的习性，比如"那位主任相当重视不二价意识""对于顾客抱怨的处理很敏感"及"似乎极端厌恶迟到"等等。

批评他人是件苦差事，被批评者更不好受。但批评对双方而言，是一个很好的成长机会。我们应尽可能地将批评提升为更进步的重要台阶。随着批评机会的增多，我们会成为批评高手，而对方亦能成长为一个能够适当应付批评的职员。

当人们认真地向对方兴师问罪时，才会说出真心话。批评者也好，被批评者也好，若双方皆能以诚心采沟通，相信可以更加深彼此的理解程度，对于往后的一切事物，亦能产生相当大的助益。

"虽然有些不放心，但是已经批评过，相信他应该能理解了！"当我们有此念头时，批评行为便可打住。然后最好在一旁默默地观察下属的反应，再思考对策。批评时，即使下属没有作适当的回应，我们也不要生气，也许他已经在反省，并且改善自己的工作态度。有时，下属理解的程度，通常会超乎我们的想象。即使如此，我们的内心依然感到不安。我们会挂心下属若继续做相同的任务，应毫无问题，但若有一天下属被调到其他部门服务时，会不会无法适当地处理客人的抱怨？然而凡事并非全如我们所想的那么困难，理应不会发生这种状况。

以前那位轻易提出辞呈的下属，在习惯了工作性质，累积了丰富的经验之后，成为一位能够解决任何问题然后开始藉此目无大小，此类例子可说屡见不鲜。身为管理者的我们不要太钻牛角尖，不要鸡蛋里挑骨头唠唠叨叨说个没完，这才是上策。

当下属没大没小，没上没下的时候，我们一定要该批评就批评，不要再三容忍。